The Garland Library of War and Peace

The Garland Library of War and Peace

A Project of Universal and Perpetual Peace

by

Pierre-André Gargaz

with a new introduction
for the Garland Edition by

Sandi E. Cooper

Garland Publishing, Inc., New York & London
1973

Library of Congress Cataloging in Publication Data

Gargaz, Pierre André.
A project of universal and perpetual peace.

(The Garland library of war and peace.
Original text and English translation of Conciliateur de toutes les nations d'Europe, first published in 1782 in Passy by B. Franklin.
Reprint of the 1922 ed.
1. Peace. I. Title. II. Series.
JX1946.G3 1973 327'.172 79-147424
ISBN 0-8240-0216-4

Printed in the United States of America

Introduction

Traditionally, questions of war and peace have been the concern of either public leaders or well-known intellectual theorists. Republication of this short peace project written by an obscure, shadowy figure from the lower depths of the Third Estate in pre-revolutionary France, demonstrates an abiding concern for permanent peace felt by a man some historians would call a "commoner." Further, this Project of Universal and Perpetual Peace *was evidently written while the author was serving a twenty-year term in the galleys where he had been condemned for murder. The author, Pierre-André Gargaz, a schoolteacher in a small southern French town, failed to convince his judges in 1761 of his innocence. Twenty years later, he succeeded in convincing Benjamin Franklin – then American ambassador to France – of his sincerity and honor, with the result that Franklin printed copies of the peace plan at his Passy press. In 1922, George Simpson Eddy brought forth this plan in a bi-lingual English and French volume, beginning with a very useful Introduction and closing with facsimile sheets from the nearly lost original.*

Insofar as peace plans have a history of their own, attention is usually focused on the authors of major, full-scale discussions, such as those of Erasmus, Crucé, Sully, Saint-Pierre, Rousseau and Kant. Peace thinking, however, has not been confined to a few master works. Gargaz' short essay (the English translation here scarcely covers forty small pages), though "utopian" and unsophisticated in many ways, well illustrates the passionate, personal interest of a private man in fundamental questions of human welfare, a man, himself, who suffered the adversity of imprisonment for a crime he probably did not commit.

After the customary dedication, Gargaz' essay divides into two parts. The first section briefly describes "Infallible Means" which well-meaning sovereigns can adopt forthwith for the attainment of perpetual peace; the second is a discussion of probable objections and Gargaz' replies thereunto.

Similarities between Gargaz' proposals and those of Sully's Grand Design *(1615) or Saint-Pierre's* Projet de paix perpétuelle *(1713) are not accidental. Gargaz refers to the work of these predecessors in peace thinking and, in his dedication to Louis XVI, begged the king to follow the tradition of his great ancestor, Henri IV, in initiating a league of European sovereigns. (Gargaz uncritically believed that Henri had such intentions.)*

The plan requires the immediate creation of an assembly of representatives of sovereign princes, empowered to supervise the behavior of member states, to decide controversies and even to punish wrong-doers. Much as Saint-Pierre, Gargaz would institutionalize the territorial status-quo; that is, sovereign members of the assembly would accept the current boundaries of their territories. Disputed areas would be awarded by decisions of the assembly. Sovereigns are permitted to erect fortresses to guard their lands – for defensive purposes.

The benefits that would flow from the elimination of war would be nearly infinite. One that Gargaz emphasized was elimination of the miserable plight of the discharged common soldier after campaigns were concluded. The anguish experienced by such individuals combined with the social wastage in all nations would be forever removed. Soldiers could be employed in "useful" endeavors – public works, for instance. Monies saved everywhere in Europe could be applied to a wide variety of improvements. At one point, he even recommends the construction of canals through the isthmuses of Suez and Panama to facilitate world trade.

Seven years prior to the outbreak of the French Revolution, this author gives no sense of any fundamental dissatisfaction with the right of monarchs to rule. His peace plan is founded on an assembly of existing, legitimate monarchs; no indication is evident that Gargaz would call on the "peoples" of the world to assemble in the cause of peace. Even after the Revolution, succeeding generations of peace thinkers and activists retained the idea that sovereigns, once they recognized their true interests, would act to eliminate war.

For Gargaz, war or its preparation brought high taxes devoted to unproductive ends with the result that economic development was limited and social opportunities were restricted. War perpetuated poverty. Common people have no interest in war. Those that defended the institution were those who profited from it. Essentially, these were members of the nobility, inclined to define their role in society as primarily military. Perhaps if these gentlemen could be encouraged into peaceful pursuits, commerce, for instance, a less bellicose outlet for their energies would exist and another force for war-making would be removed. Obliquely, Gargaz touched on a social issue that would explode into the French Revolution, but here, there is no advocacy of a revolutionary solution to the privileges of the nobility. Gargaz proposes no abolition of noble status nor any analysis of its parasytic character. Merely, he offers a mild recommendation that noblemen be admitted to pursuits usually the purview of the middle classes.

While modern readers will undoubtedly smile at the simplicity of Gargaz' optimism and even wonder if he was aware of Rousseau's 1761 essay on Saint-Pierre, still Ben Franklin's original estimation of the man deserves to become the judgment of history. Wrote Franklin, "I honour much the character of this véritable philosophe."

January 1973 Sandi E. Cooper

A PROJECT

OF

UNIVERSAL & PERPETUAL

PEACE

A PROJECT
OF UNIVERSAL AND PERPETUAL PEACE

Written by PIERRE-ANDRÉ GARGAZ a former Galley-Slave, and printed by BENJAMIN FRANKLIN at Passy in the Year 1782.

Here reprinted, together with an English Version, Introduction, & Typographical Note by GEORGE SIMPSON EDDY.

NEW YORK

GEORGE SIMPSON EDDY

1922

TO THE MEMORY

OF

BENJAMIN FRANKLIN

FOREWORD

For the convenience of French readers, this Project of Universal and Perpetual Peace is here reprinted in its original text, together with a French translation of the editor's Introduction.

The Historical Society of Pennsylvania, through its Assistant Librarian, Mr. Ernest Spofford, has most courteously allowed me to take a photostat copy of the Project, and has permitted me to examine its very valuable collection of pamphlets which formerly belonged to Franklin. The American Philosophical Society, through its Secretary and Librarian, Dr. I. Minis Hays, has, with the greatest kindness, permitted me to take photographs of the four letters written by Gargaz to Franklin which are now in the possession of that Society, and has shown me many other courtesies. For their cordial interest and encouragement I am very greatly indebted to those Societies and to Mr. Spofford and Dr. Hays.

I desire to express my obligation to Mr. Maurice Trembley for his kind aid and advice in matters of translation.

I am especially indebted to Mr. William Smith Mason, the well-known collector of Frankliniana, for his constant interest and assistance.

George Simpson Eddy

2 RECTOR STREET, NEW YORK

May, 1922

TABLE OF CONTENTS

I

Introduction

INTRODUCTION

WHATEVER was printed by Benjamin Franklin at his private press at Passy has a peculiar interest for bibliophiles; and the discovery of anything that issued from that press may justly be called an event of importance.

The Project of Perpetual Peace, reprinted in the following pages, was originally printed by Franklin at Passy in the year 1782.

Researches extending over many weeks have brought to light the following facts relating to the history of this Passy imprint.

On February 14th, 1779, one signing himself "Pierre-André Gargaz, forçat numéro 1336," wrote to Franklin the following letter, dated at Toulon:

MONSIEUR—

I believe that if the two manuscripts, hereto most humbly attached, were printed, together or separately, and brought to the attention of the public, a large number of them could be distributed in several Countries, through the sale thereof, and would be very effectual for the establishment of a perpetual Peace between the United States of America, the English and the French; and also between the Sovereigns of Europe and their neighbors.

If you are of my opinion, Monsieur, I beg of you the favor to cause them to be printed, published and distributed to the public as much as you shall be able ˙/.

The foregoing letter is in the possession of the American Philosophical Society, and bears an endorsement, in Franklin's own hand, in these words, "Project of Universal Peace by a Galley Slave." I have not found any reply thereto by Franklin.

There is also in the possession of the American Philosophical Society the following letter, without date and with part of the address torn away, signed "Gargaz," and addressed to Franklin:

MONSEIGNEUR—

The 12th of last month (I beg you to recall) I had the honor of presenting to you one of my works, entitled Sovereign Union, tending to establish perpetual Peace between all the Sovereigns of Europe and all the Nations known to them. Your Excellency deemed it worthy of being printed. Monseigneur the Comte de Vergennes was of the same opinion. I hope that one will grant me permission to print it at the first opportunity. I beg, as a favor, that you will be pleased to accept the Dedication of it ·/.

On July 10, 1782, Franklin wrote from Passy to his old friend David Hartley, of London, as follows (the italics being mine):

There is, methinks, a point that has been too little considered in treaties, the means of making them durable. An honest peasant, from the mountains of Provence, brought me *the other day* a manuscript he had written on the subject, and which he could not procure permission to print. It appeared to me to have much good sense in it; and therefore *I got some copies to be struck off for him* to distribute where he may think fit. I send you one enclosed. This man aims at no profit from his pamphlet or his *project*, asks for nothing, expects nothing, *and does not even desire to be known*. He has acquired, he tells me, a fortune of near one hundred and fifty crowns a year (about eighteen pounds sterling), with which he is content. This you may imagine would not afford the expense of riding to Paris, so he came on foot; such was his zeal for peace, and the hope of forwarding and securing it, by communicating his ideas to great men here. His rustic and poor appearance has prevented his access to them, or his obtaining their attention; but he does not seem to be discouraged. I honour much the character of this *véritable philosophe.*

(See The Writings of Benjamin Franklin, edited by Albert Henry Smyth, Macmillan Company, New York, 1905–7, Vol. VIII, pp. 564-5, and other editions of Franklin's Correspondence.)

In the Letter Press edition of The Complete Works of Benjamin Franklin, compiled and edited by the late John Bigelow and published by G. P. Putnam's Sons, New York, 1888, (Vol. VIII, pages 410–425) is an excerpt from the Journal of John Baynes, a young Englishman who visited Franklin at Passy on four occasions in the Autumn of the year 1783. On September 23rd of that year, Baynes called upon Franklin and talked with him upon different subjects, but chiefly about peace. Baynes wrote, under that date, as follows (the italics being mine):

In the course of this conversation, I mentioned the shameful neglect of treaties which so prevailed at present; the great injustice of several of our own wars, and the triviality of the avowed cause of others. I likewise mentioned Dr. Price's plan for a general peace in Europe. He observed that nothing could be more disgraceful than the scandalous inattention to treaties, which appeared in almost every manifesto; and that he thought the world would grow wiser, and wars become less frequent. But he observed that the plans which he had seen for this purpose were in general impracticable in this respect, viz., that they supposed a general agreement among the sovereigns of Europe to send delegates to a particular place. Now, though perhaps two or three of them might be willing to come into this measure, it is improbable and next to impossible that all, or even a majority of them, would do it. "But," said he, "if they would have patience, I think they might accomplish it, agree upon an alliance against all aggressors, and agree to refer all disputes between each other to some third person, or set of men, or power. Other nations, seeing the advantage of this, would gradually accede; and perhaps in one hundred and fifty or two hundred years, all Europe would be included. I will, however," continued he, "mention one plan to you, which came to me in rather an extraordinary manner, and which seems to me to contain some very sensible remarks. *In the course of last year*, a man very shabbily dressed—all his dress together was not worth five shillings—came and desired to see me. He was admitted, and, on asking his business, he told me that he had walked from one of the remotest provinces in France, for the purpose of seeing me and showing me a plan which he had formed for a universal and perpetual peace. I took his plan and read it, and found it to contain much good-sense. *I desired him to print it. He said he had no money; so I printed it for him. He took as many copies as he wished for*, *and gave several away; but no notice whatever was taken of it.*" He then went into a closet and brought a copy of this plan, which he gave me.

In the possession of the American Philosophical Society is the following memorial or petition sent by Gargaz to Franklin, which bears no date, but which must have been written at some time later than March 11th, 1781.

MONSEIGNEUR—

With a profound respect, Pierre Andre Gargaz, of Thèze, and Schoolmaster of said place, takes the liberty of showing to Your Grace that, on the 11th of March, 1761, he was (as the result of a proceeding taken against him on a charge of assassination, on the petition of the *Procureur du Roi*) sentenced to the Galleys for twenty years by the Court of Justice at Aix. On March 11th, 1781, his term having ended, he was given his discharge. Now there remains to him, as his all, only the one talent of knowing how to teach reading, writing and arithmetic, and he finds himself extremely to be pitied, because, being branded with infamy, he can find employment only in his native place where his probity is perfectly known, and where there is no way of earning enough to live. That is the reason why he begs you most humbly, Monseigneur, to be pleased, out of pure charity, (it appearing to you from the certificates of good life and morals and from the *convention de Régence* of the said school, hereto humbly attached)* to cause him to be given Letters of Rehabilitation, in consideration of which he will certainly find employment elsewhere than in his native place, to earn the wherewithal to support himself honestly, in working conformably to his condition, without being a burden upon or doing wrong to any one. Although this very humble petitioner knows in his heart that during twenty years in the Galleys he did a severe penance for a crime that he never committed (and although he dares to flatter himself that by the said certificates and *convention* Your Grace will be convinced of his innocence), he nevertheless acknowledges that the charity and benevolence to which you are naturally in-

---

* This parenthetical clause is incomplete in the original petition. The editor cannot say with confidence just what the words "convention de Régence" mean, but is inclined to believe that they may properly be translated as "contract of employment as schoolmaster."

clined are the only titles upon which he founds his very just request in the most respectful manner possible. He further acknowledges that the Judges were not wrong in condemning him although innocent, because they can not know the falsity of certain testimony on which they were obliged to try him, and because, relying too much upon his innocence and not knowing at that time, the respect that every accused person owes to his Judges, he wrote to them too often and also too sharply, to render him the Justice that was his due, without making any supplication to them or producing before them any certificate of good life and morals, or furnishing any word of defence in writing '/.

The American Philosophical Society possesses the following letter written by Gargaz, and addressed to Franklin:

At Thèze this 2 March 1783.

MONSEIGNEUR—

The approval that you gave, last year, to my project of perpetual Peace, really persuades me that you have labored much and very beneficially to procure the peace of which the preliminaries have been signed at London and at Versailles (according to what I have learned through number 9 of the Gazette of Avignon) and that you will be good enough to once more take the trouble to work for the adoption of the said perpetual Peace.

Several French priests of the Roman Church (among whom is a bishop of these cantons) to whom I presented my said Project of Peace, considered it very wrong that I have given the title of Lieutenants of the Supreme Being to the sovereigns, because, say they, that title belongs only to the Pope; and that I have proposed to unite all the sovereigns, without excepting any, not even Turks.

I take the liberty, Monseigneur, of making this observation to you, to the end that you may take the measures necessary in order that some one of these Gentlemen, the Roman Priests, may not prevent you from being successful in the establishment of the said Peace.

I fear, Monseigneur, to importune you, but the ardent desire that I have of being rehabilitated (on account of the honor and the pleasant things of life which that would infallibly procure for me) is the reason why I request of you, most respectfully, the favor of obtaining for me from the King, Letters of rehabilitation, so that I may be reinstated in the same condition that I was in before the sentence of 1761 mentioned in the certificate of Probity humbly attached hereto.

Last Summer M[r] the Comte de Vergennes, Secretary of State, thought that my said Project of Peace might be printed, I thereupon presented a copy of it to him. If you should judge it proper, Monseigneur, to refresh his memory, and to speak to him about the said Letters of Rehabilitation for the author of the said Project, perhaps he would save you the trouble of requesting them of the King or of the *Garde des Sceaux*, by asking for them himself.

Lastly, Monseigneur, pardon me, if you please, the trouble that I give you, even if it shall be only that of reading this long letter. If you do not deem it proper, for any reason whatever, to obtain for me the said Letters of Rehabilitation, I beg you to return to me the enclosed certificate. My address is, to Monsieur Gargaz, at Thèze, near Sisteron in Provence·/.

Monseigneur

I beg you to allow me to persist in asking this favor of you with all the earnestness that your goodness may permit ·/.

GARGAZ

An autograph draft of the following letter is now in the possession of the American Philosophical Society.

Passy, May 22, 1783

SIR,

The Bearer Pierre André Gargaz is Author of a very humane Project for establishing a perpetual Peace. This has interested me much in his Behalf. He appears to me a very honest sensible Man, & worthy of better Fortune:— For tho' his Project may appear in some respects chimerical, there is Merit in so good an Intention. He has serv'd faithfully 20 Years as a Galley-Slave, and now requests Letters of Rehabilitation, that he may enjoy for the Rest of his Life the Douceurs that State would be attended with: If this Request of his is not improper, & you can assist him in procuring such Letters You will do me a most sensible Pleasure. He will show you authentic Certificates of his good Conduct. With great Esteem, I have the honour to be,

Sir,

B. FRANKLIN.

[To whom it may Concern.]

A study of the foregoing evidence having convinced me that Franklin printed the said "Projet de Paix perpétuelle" at his Passy press, at some time during the first half of the year 1782, and that Pierre-André Gargaz was its author, I at once began to search for a copy. The Historical Society of Pennsylvania possesses a collection of some one hundred and fifty volumes of pamphlets, once a part of Franklin's private library. That collection seemed the most likely place in which to find a copy of the Passy imprint of the Projet of Gargaz. Upon examining those volumes of pamphlets, I was delighted to find two copies of the Projet. A complete photostat copy was made from one of them, rendering it possible to reproduce herein a few sample pages of the original. These reproductions will enable those interested in the subject to identify the types used in this imprint as being some of those used by Franklin in printing the *Bagatelles* which issued from his press at Passy.

Up to this time I have not found any copies of this most interesting Passy imprint, other than the two of which the

Historical Society of Pennsylvania is the fortunate owner.

Having been struck by a certain persistence shown by Gargaz in his correspondence with Franklin, it occurred to me that he might have approached Thomas Jefferson upon the subject of the Project of Perpetual Peace, inasmuch as Jefferson succeeded Franklin as Minister of the United States of America at the Court of France. Investigation revealed that Gargaz did, in fact, write two letters to Jefferson, both having relation to his Project of Perpetual Peace. Those letters are now in the Collection of Jefferson Correspondence in the Library of Congress. They are as follows:

At Salon 15 December 1785

Monseigneur
Monseigneur the Minister Plenipotentiary
of the United States of America.

Monseigneur

With a profound respect, I have the honor to recall to you the liberty that I took some time ago of presenting to you a pamphlet entitled Sovereign union, invented by Henry the Great, begging you to keep it if you adopted the union between all the sovereigns, or to return it to me if you did not adopt it. As you kept it, I had the agreeable satisfaction of seeing you one who approves of the Project of Peace of that good prince; as I had dared to promise myself in view of your integrity. A little time afterwards I sent the duplicate of the same Request and Pamphlet to Monsieur, brother of the King; to the nine *seigneurs* who compose the *Conseil d'État* of the King; to twenty nine ambassadors of foreign courts residing at Paris; and to fourteen of the principal inhabitants of this City of Salon; all have kept the Pamphlet except two *Seigneurs* of the *Conseil d'État*, and four ambassadors, who have returned it to me; by this means I have the honor to assure you, Monseigneur, that there are only six who disapprove of the perpetual Peace, against forty eight who approve, of which number are Monsieur, brother of the King; Monseigneur the Maréchal Prince de Soubise; Messeigneurs the Papal Nuncio, the ambassadors of the Emperor, of Spain, of England, of Russia, of Holland, of Sardinia, of Denmark &c.

If those who approve were of the smallest number I should speak no more of union or of

Peace; but as they are of the largest number (and as, besides, it is to be presumed that those who disapprove are working incessantly to stir up some new war with the intention of rendering civil Society happy) I send by the same mail the duplicate of this Letter to each of the approving *Seigneurs;* praying you, Monseigneur, to be so good as to allow me to beg you again this time, to do all that you can to help to consummate the soonest possible this admirable masterpiece of statesmanship begun by one of the bravest, most sagacious and best Sovereigns of the world ˙/.

GARGA *surnomé fransé*

At Salon, this 14th January 1786

Monseigneur

Monseigneur the Minister Plenipotentiary of the United States of America.

MONSEIGNEUR

I pray you to add to the Letter herewith enclosed, if you deem proper, something to encourage the Americans to themselves begin by adopting the Sovereign union, and to forward it to its address when it shall please you.

GARGA *surnomé fransé*

Monseigneur

I have not as yet dared to tell to any one the name of those disapproving, for two reasons. The first; because I fear that in seeing themselves made known they may make fresh efforts to draw evil-doers of every sort to their party, and by that means destroy the Sovereign union; and the second; because I hope that when one shall not mention them at all, they will regret not having been among the first approvers of the union, and will come with pleasure to rejoice under its Flag; just as the young of any animals whatsoever (men and beasts) come to take refuge, to rest and to enjoy themselves under the protection of their fathers and mothers.

Nevertheless, if it is of advantage to the establishment of the Sovereign union that you should know them, I will send you their names upon a simple list signed Garga, *surnomé fransé*, or even the Envelopes, the Letters and their seals in the same condition that I received them from the post-office except that I have opened them by tearing the paper without breaking any seal. On condition, however, that those who disapprove shall not be treated as bad men; but simply as ignorant men, or as Children of about 5 or 6 years.

My address is, to Pierre-André Garga, *surnomé fransé*, at the house of Madame Dastre at Salon ·/.

I find nothing to show that Jefferson either replied to the foregoing letters or took any other notice thereof.

There seems little reason to doubt that the pamphlet referred to as "Sovereign union" in the letters of Gargaz to Jefferson, was the same thing as the Projet which Franklin printed, the full title of which was, "Conciliateur de Toutes les Nations d'Europe, ou Projet de Paix perpétuelle entre tous les Souverains de l'Europe & leurs Voisins." It is barely possible that Gargaz had additional copies of his Projet printed elsewhere than at Passy, at some time later than 1782 and prior to December, 1785, and that he used a different title in such second printing. Again, it is possible that Gargaz amended his Projet after 1782 and that, as so amended, it was given a new title. I have not been able to locate any copy of a Projet written by Gargaz that is entitled "Union Souveraine." The reader should bear in mind that, in one of his letters to Franklin, Gargaz described his work as being entitled, "Union Souveraine," which letter, however, was written prior to the printing of his Projet by Franklin.

One is somewhat surprised to find that Gargaz, in his letters to Jefferson, did not mention the fact that Franklin had printed the "Conciliateur de toutes les Nations d'Europe, ou Projet de Paix perpétuelle" at Passy in 1782.

One desires to know more about this schoolmaster who served twenty years in the galleys. What was his education? What induced him to write his Projet? We must assume that he had read Sully's account of the Great Design of Henry IV (so called by Sully, although he, and not Henry IV, is now considered to have been the true author thereof), and the Abbé de Saint-Pierre's "Projet pour rendre la Paix perpétuelle en Europe," because he refers to them in his own Projet. Jean-Jacques Rousseau had published, in 1761, his analysis of Saint-Pierre's work, under the title

"Extrait du Projet de Paix Perpétuelle de M. l'Abbé de Saint-Pierre." It is probable that Gargaz had read that brilliant essay before writing his own work.

One wonders whether he had also read Crucé's "Le Nouveau Cynée ou Discours d'Estat représentant les occasions et Moyens d'establir une Paix générale, et la liberté du Commerce par tout le Monde," published in 1623.

We learn from his own words that he was a native of Thèze, and that he was a schoolmaster there until he was arrested and convicted on a charge of assassination, of which crime he says he was innocent. At this day Thèze is a hamlet of some 240 souls. It is situated a few miles distant from the town of Sisteron in Provence. Gargaz wrote to Jefferson from Salon (a city of some size, not far from Aix en Provence), from which fact one may reasonably infer that he had left Thèze at some time prior to December, 1785, and had become a resident of Salon. Perhaps, through the good offices of Franklin, he had succeeded in getting the much desired Letters of Rehabilitation and had thus been enabled to secure remunerative employment at Salon.

In the catalogue of the Bibliothèque Nationale one finds listed three little works by Pierre-André Gargaz (or Gargas); these are described as follows:

(1) Alfabet consiliateur de l'ortografe avec la prononsiasion franseze, por doner des preinsipez envariablez e trez fasilez *** par Pière-André Gargaz.
Marseille, impr. de J. Mossy, 1773 in- 8°, 28 pp. (Dep. des MSS. Joly de Fleury 1080 fol. 220)

(2) Contrat Social surnomé union franc-maçone, entre tous les bons Citoiens de la Republique françoise *** par le Citoien Pierre-André Gargas.
Toulon, imp. de P-J. Calmen (s.d.) in- 8° 11 pp.

(3) Contrat social surnomé union franc-maçone par Pierre-André Gargas. Correspondance entre Pierre-André Gargas et M. de Voltaire 1776.
Toulon, P- J. Calmen An. V. in- 8° 11 pp.

Perchance some native of Provence, into whose hands this little book may fall, will delve into the local records of Thèze, of Aix en Provence and of Salon, for further information about this meditative schoolmaster who served twenty years in the galleys, and will give us the results of his researches. If my English version of the Projet seems awkward and occasionally ungrammatical, my excuse must be that I have endeavored to give a literal translation of the author's text wherever possible, and have refrained from attempting to improve his style; believing that, by so doing, the flavor of the original is best preserved. I have intentionally followed the author's use of capital letters.

It is very evident that Gargaz was not a practised writer, and that he was a man of somewhat limited education. Any one reading his letters in the original French will be struck by the eccentricities of his spelling and by his omission of accent-marks. One is inclined to believe that his Projet was revised as to its spelling before Franklin printed it.

It seems eminently fitting to close with these eloquent words written by Franklin on July 27, 1783, to his old friend Sir Joseph Banks:

I join with you most cordially in rejoicing at the return of Peace. I hope it will be lasting, and that Mankind will at length, as they call themselves reasonable Creatures, have Reason and Sense enough to settle their Differences without cutting Throats; for, in my opinion, *there never was a good War, or a bad Peace.* What vast additions to the Conveniences and Comforts of Living might Mankind have acquired, if the Money spent in Wars had been employed in Works of public utility! What an extension of Agriculture, even to the Tops of our Mountains: what Rivers rendered navigable, or joined by Canals: what Bridges, Aqueducts, new Roads, and other public Works, Edifices, and Improvements, rendering England a compleat Paradise, might have been obtained by spending those Millions in doing good, which in the last War have been spent in doing Mischief; in bringing Misery into thousands of Families, and destroying the Lives of so many thousands of working people, who might have performed the useful labour!

II

Introduction

(in french)

INTRODUCTION

Tout ce qu'imprima Benjamin Franklin sur la presse privée qu'il avait à Passy offre aux bibliophiles un intérêt particulier, et toute découverte d'un travail sorti de cette presse peut être considérée, à juste titre, comme une trouvaille importante.

Le Projet de Paix perpétuelle, réimprimé dans les pages qui suivent, fut pour la première fois publié par Franklin à Passy en l'année 1782.

Des recherches, poursuivies pendant de nombreuses semaines, ont mis en lumière les faits suivants, relatifs à cette édition de Passy:

Le 14 février, 1779, la lettre suivante, signée: « Pierre-André Gargaz forçat numéro 1336, » était adressée, de Toulon, à Franklin:

A Toulon le 14
fevrier 1779.

A Monsieur
Monsieur Franklin, Envoyé par les
Etats unis de l'Amerique. a Paris.

Monsieur

Je crois que si les deux Manuscrits, ci très humblement joints, etoient imprimez, ensemble ou separement, et anoncez au Public, il s'en rependroit beaucoup dans plusieurs Païs, par le möien de la vente, et fairoient un trez bon efect pour etablir une Paix perpetuele entre les Etats unis de l'Amerique, les Anglois, et les François; et meme entre tous les souverains de l'Europe et leurs voisins. Si vous étes de mon avis je vous demande la grace, Monsieur, de les faire imprimer, anoncer et rependre dans le public autant qu'il vous sera possible ˙/.

Pierre André Gargaz
forçat numero 1336

L'original de la lettre que l'on vient de lire appartient à l'American Philosophical Society et porte au dos, de la main de Franklin, les mots suivants: «Projet de Paix perpétuelle par un galérien.» Je n'ai trouvé nulle part une réponse de Franklin à cette lettre.

L'American Philosophical Society possède également l'original de la lettre suivante, qui n'est pas datée et dont l'adresse a été en partie déchirée, mais qui est signée « Gargaz » et est adressée à Franklin:

A son Excelence
Monseigneur

MONSEIGNEUR

Le 12 du mois dernier (je vous prie de vous en rapeler) j'eus l'honeur de vous presenter un de mes ouvrages, intitulé union souveraine, tendent a etablir la Paix perpetuele entre tous les Souverains d'Europe et entre toutes les Nations qui en sont conues. Votre Excelence le jugea digne d'etre imprimé. Monseigneur le Comte de Vergenes a été du meme avis. J'espere qu'on m'acordera la permission de le metre sous la presse au premier jour. Je vous demande la grace, Monseigneur, de vouloir bien en accepter la Dedicace ·/.

GARGAZ surnomé franséz.

Le 10 juillet, 1782, Franklin écrivait de Passy à son vieil ami David Hartley de

Londres, une lettre dont j'extrais le paragraphe suivant (en en soulignant certains passages):

. . . . . . Il y a, me semble-t-il, un point que l'on a trop peu considéré dans les traités: C'est le moyen de les rendre durables. Un honnête paysan des montagnes de Provence, m'a apporté *l'autre jour* un manuscrit qu'il a écrit sur ce sujet et pour lequel il ne pouvait obtenir un permis d'imprimer. Cela m'a paru plein de bon sens et c'est pourquoi *je lui en ai fait imprimer quelques exemplaires* pour les distribuer où bon lui semblera. Je vous en envoie un, ci-inclus. Cet homme n'attend aucun profit de sa brochure ni de son *projet;* il ne demande rien, n'attend rien, *et ne désire même pas être connu.* Il a acquis, à ce qu'il me dit, une fortune de près de cent cinquante couronnes par an (environ dix-huit livres sterling), dont il se contente. Cela ne permettrait pas, vous l'imaginez, la dépense d'un voyage en poste, à Paris; par conséquent il est venu à pied, tant son zèle pour la paix est grand, ainsi que son espoir de la favoriser et de l'obtenir en communiquant ses idées aux grands hommes d'ici. Son apparence rustique et pauvre l'a empêché d'avoir accès auprès d'eux ou de mériter leur attention; mais il ne paraît pas découragé. J'ai beaucoup de considération pour le caractère de ce *véritable philosophe.*

(Voir: The Writings of Benjamin Franklin, édités par Albert Henry Smyth, Macmillan Co., édition New York 1905-7, Vol.VIII, pp. 564-5, et autres éditions de la Correspondance de Franklin).

Dans la « Letter Press edition » des Œuvres Complètes de Benjamin Franklin, compilées et éditées par feu John Bigelow et publiées par G. P. Putnam's Sons, New York, 1888 (Vol. VIII, pp. 410-425), on trouve un extrait du Journal de John Baynes, un jeune Anglais qui rendit visite à Franklin à Passy, à quatre reprises, dans l'automne de l'année 1783. Le 23 septembre de cette année-là, Baynes visita Franklin et lui parla de divers sujets, mais surtout de la paix. Baynes écrit, à cette date-là (je souligne quelques passages):

Dans le cours de cette conversation, j'ai parlé de la honteuse négligence des traités qui sévit à un tel degré en ce moment; la grande injustice de plusieurs de nos propres guerres et la futilité de la cause avouée de certaines autres. J'ai parlé aussi du plan du Dr. Price pour une paix générale en Europe. Il remarqua que rien n'est plus répugnant que le scandaleux mépris des traités qui est apparent dans presque chaque manifeste ; il pensait que le monde deviendrait plus sage et les guerres moins fréquentes. Mais il fit observer que les projets analogues qu'il a vus sont en général irréalisables en ce sens qu'ils supposent un accord général entre les souverains d'Europe, dans le but d'envoyer des délégués à un endroit donné. Or, bien que deux ou trois d'entre eux, peut-être, soient disposés à se conformer à cette mesure, il est improbable et pour ainsi dire impossible que tous, ou seulement la majorité, le fasse. « Mais,» disait-il, « s'ils avaient de la patience, je crois qu'ils pourraient y arriver, en formant une alliance contre tous agresseurs et en convenant de soumettre toute dispute entre eux à une tierce personne, ou groupe de personnes, ou puissance. D'autres nations, voyant l'avantage de cette façon de procéder, s'y joindraient peu à peu; et peut-être que dans cent cinquante ou deux cents ans, toute l'Europe en fera partie. « Toutefois, » continua-t-il, « je vous mentionnerai un projet, qui m'est parvenu d'une manière assez extraordinaire et qui me paraît contenir quelques remarques très sensées. *Dans le courant de l'année dernière*, un homme très chétivement vêtu—son vêtement entier ne valait pas plus de cinq shillings—se présenta et exprima le désir de me voir. Je l'ai reçu et, comme je lui demandais ce qui l'amenait, il me dit qu'il était venu à pied, de l'une des provinces de France les plus éloignées, dans le but de me voir et de me montrer un projet de paix universelle et perpétuelle qu'il a conçu. Je pris ce projet, le lus et trouvai qu'il avait beaucoup de bon sens. *Je souhaitai qu'il l'imprimât. Il me dit qu'il n'avait pas d'argent ce qui fit que je l'imprimai pour lui. Il prit autant d'exemplaires qu'il voulut et en distribua plusieurs; mais on n'y prêta aucune attention quelconque.* » Sur ce, Franklin prit, dans une armoire, un exemplaire de ce projet et me le donna.

L'American Philosophical Society possède une requête adressée par Gargaz à Franklin. Elle ne porte pas de date, mais doit avoir été écrite à une époque postérieure au 11 mars, 1781. En voici le texte:

Monseigneur

Avec un profond respect, Pierre André Gargaz du lieu de Theze et Regent d'Ecole audit lieu, prend la liberté de representer, à Votre Grandeur, que le 11 mars 1761 il fut (par les causes resultantes d'une procedure prise contre lui, en acusation d'assassinat, a la Requete de Monsieur le Procureur du Roi) condamné par le Parlement d'Aix aux Galeres pour vingt ans. Le 11 mars 1781, son terme aïant fini, on lui dona son congé. Presentement il ne lui reste pour tout bien que le seul talent de savoir montrer a lire a ecrire et a chifrer, et il se trouve extremement a plaindre, parce qu'etant noté d'infamie, il ne peut trouver de l'emploi que dans son Païs natal, où sa probité est parfaitement conuë, et où il n'y a pas dequoi gagner assez pour vivre. Cela est cause qu'il vous suplie trez humblement, Monseigneur, de vouloir bien, par un pur éfect de charité (vous aparoissant des certificats de bone vie et moeurs, et de la convention de Regence de ladite Ecole, ci humblement joints) lui faire doner des letres de Rehabilitation a la consideration desqueles il trouvera certainement de l'Emploi ailleurs que dans son Païs, pour gagner dequoi l'entretenir honetement, en travaillant selon son Etat, sans etre a charge ni faire aucun tort à personne.

Quoique le trez humble representant sache dans son ame, que, pendent vingt ans aux Galeres, il a fait une rude penitence; pour un crime qu'il n'a jamais comis (et qu'il ose se flater que, par lesdits certificats et convention, Votre Grandeur, sera persuadée de son inocense) il avouë nëanmoins que la Charité et la bienfaisanse, auxquelles vous etes naturelement porté, sont les seuls titres sur lesquels il fonde la trez juste demande, le plus respectueusement qui lui est possible. il avouë de plus, que les Juges n'eurent aucun tort de le condamner, quoi qu'inocent, parce qu'ils ne peuvent pas conoitre la fausseté de quelques depositions sur lesqueles ils furent obligez de le juger, et parce que, l'apuïant trop sur son inocense, et ne conoissant pas alors le respect que tout acusé doit a ses Juges, il leur ecrivoit trop souvent, et meme trop sechement, de lui rendre la Justice qui lui était duë, sans leur faire aucune suplication, ni leur produire aucun certificat de la bone vie et moeurs, ni doner aucun mot de defense par ecrit ˙/.

L'American Philosophical Society possède la lettre suivante, écrite par Gargaz à Franklin:

A Theze ce
2 mars 1783.

MONSEIGNEUR

L'aprobation que vous donates, l'anée derniere, a mon projet de Paix perpetuéle me persuade reélement que vous avez travaillé beaucoup, et trez utilement, pour faire faire la Paix dont on a signé les preliminaires a Londres et a Versaille (selon que j'ai apris par le numero 9 de la Gazette d'avignon) et que vous voudrez bien encore prendre la peine de travailler pour faire adopter ladite Paix perpetuéle.

Plusieurs Pretres françois de l'Eglize Romaine (parmi lesquels se trouve un Eveque d'ici de ces cantons) auxquel j'ai presente mondit Projet de Paix, trouvent fort mal que j'aie done le titre de Lieutenents de l'Etre supreme aux souverains, parce, disent ils, que ce titre n'est dû qu'au Pape; et que j'aie proposé d'unir tous les souverains sans exception d'aucun, pas meme des Turcs.

Je prends la liberté, Monseigneur, de vous faire cete observation, afin que vous preniez les mesures necessaires, pour que quelqu'un de ces Messieurs, les Pretres Romain, ne vous empechent de reussir a l'etablissement de ladite Paix.

Je crains, Monseigneur, de vous importuner, mais l'ardent desir que j'ai d'etre rehabilité (en consideration de l'honeur et des douceurs de la vie que cela me procureroit infaliblement) est cause que je vous demande respectueusement, la grace, Monseigneur, de m'obtenir du Roi, des letres de rehabilitation pour etre remis dans le meme Etat que j'etois avant l'arret de 1761 mentioné dans le certificat de Probité ci humblement joint.

L'Eté dernier M^{r} le Comte de Vergenes secretaire d'Etat, estima que mondit Projet de Paix pouvoit etre imprimé, je lui en presentai ensuite un exemplaire. Si vous jugiez a propos, Monseigneur, de lui en rafraichir la memoire, et lui parler desdites Letres de Rehabilitation, pour l'auteur dudit Projet, peut etre qu'il vous eviteroit la peine de les demander (en les demandant lui meme) au Roi ou au Garde des sceaux.

Enfin, Monseigneur, pardonez moi s'il vous plait la peine que je vous done, quand ce ne seroit que cele de lire cete longue Letre. Si vous ne jugez pas a propos, par quele raison que ce puisse etre, de m'obtenir lesdites Letres de Rehabilitation, je vous prie de me renvöier le certificat ci inclus. Mon adresse est, a Monsieur Gargaz, a Theze, par Sisteron en Provence ˙/.

Monseigneur

Permetez, je vous en suplie, que j'insiste a vous demander cete grace avec toute l'instance que votre bonté peut me permetre ˙/.

GARGAZ

Un brouillon autographe de la lettre suivante appartient également à l'American Philosophical Society.

Passy, 22 mai 1783.

MONSIEUR

Le porteur de la présente, Pierre André Gargaz, est l'auteur d'un Projet très humain d'établissement de la Paix perpétuelle. Ce projet m'a fort disposé en sa faveur. Il me fait l'effet d'un homme honnête, sensé, et digne d'un meilleur sort: — Car, bien que son projet puisse paraître chimérique, à certains égards, il y a du mérite dans une intention aussi bonne. Il a été galérien pendant 20 ans et sollicite maintenant des Lettres de Réhabilitation de manière a pouvoir jouir, pour le restant de sa vie, des douceurs attachées à cette réhabilitation. Si sa requête n'est pas déplacée et si vous pouvez l'aider à obtenir ces lettres, vous me ferez un tres sensible plaisir. Il vous montrera des certificats authentiques de sa bonne conduite. Avec la plus grande estime j'ai l'honneur d'être, Monsieur,

B. FRANKLIN

[A toute personne qui la présente lira.]

L'étude des documents qui précèdent m'ayant convaincu que c'est Franklin qui imprima ledit Projet de Paix perpétuelle à son imprimerie de Passy, dans le courant de la première moitié de l'année 1782, et que Pierre-André Gargaz en est l'auteur, je me suis mis aussitôt à la recherche d'un exemplaire. La Historical Society of Pennsylvania possède une collection de brochures reliées, formant cent cinquante volumes environ, qui ont fait partie de la bibliothèque privée de Franklin. Il me parut que c'était dans cette collection que j'avais le plus de chances de trouver un exemplaire du projet de Gargaz imprimé à Passy. En effet en examinant ces recueils de brochures j'ai eu la joie de trouver deux exemplaires de ce Projet. Une copie complète, en fac-similé, qui a été prise de l'un de ces deux exemplaires, par le moyen du photostat, me permet de reproduire ci-après quelques pages de l'ouvrage original. Ces reproductions permettront aux personnes que ces questions intéressent, d'établir que quelques uns des caractères utilisés dans cette édition sont ceux qu'employait Franklin dans la composition des Bagatelles qu'il imprimait à Passy.

Jusqu'ici je n'ai pas trouvé, de cette très intéressante édition de Passy, d'autres exemplaires que les deux dont la Historical Society of Pennsylvania est l'heureuse propriétaire.

Ayant été frappé par l'espèce de persistence que montre Gargaz dans sa correspondance avec Franklin, l'idée m'est venue qu'il pouvait avoir entretenu Thomas Jefferson de son Projet de Paix perpétuelle, puisque Jefferson succéda à Franklin comme ministre des États-Unis d'Amérique à la Cour de France. Des recherches ont révélé que Gargaz écrivit, en effet, à Jefferson, deux lettres qui, toutes deux, ont trait à son Projet de Paix perpétuelle. Ces lettres font maintenant partie de la Collection de la Correspondance de Jefferson conservée à la Bibliothèque du Congrès, à Washington. Les voici :

A Salon le 15 X[bre] 1785

Monseigneur

Monseigneur le Ministre Plenipotentiaire des Etats unis de l'Amerique.

Monseigneur

Avec un profond respect, j'ai l'honeur de vous rapeler la liberté que je pris, il y a quelque tems de vous presenter une Brochure intitulée union Souveraine, inventée par Henri le Grand, en vous priant de la garder si vous adoptiez l'union entre tous les souverains, ou de me la renvöier si vous ne l'adoptiez pas. Come vous la gardates j'eus l'agreable satisfaction de vous voir aprobateur du Projet de Paix de ce bon prince; ainsi que j'avois osé me prometre de votre integrité. Peu de tems apres j'adressai le double des memes Priere et Brochure, a Monsieur, frere du Roi; aux neuf seigneurs qui composent le Conseil d'Etat du Roi ; aux vingt neuf ambassadeurs des cours etrangeres residens a Paris; et a quatorze des principaux habitans de cete ville de Salon ; tous ont gardé la Brochure excepte deux Seigneurs du Conseil d'Etat, et quatre ambassadeurs qui me l'ont renvöiée ; par ce möien j'ai l'honeur de vous assurer Monseigneur, qu'il n'y a que six desaprobateurs, de la Paix perpetuéle, contre quarante huit aprobateurs, du nombre desquels sont, Monsieur, frere du Roi ; Monseigneur le Marechal Prince de Soubise ; Messeigneurs, le Nonce de Pape, les ambassadeurs, de l'Empereur, d'Espagne, d'Angleterre, de Russie; de Holande, de Sardaigne de Danemarck, &c. Si les Aprobateurs etoient du plus petit nombre, je ne parlerois plus d'union ni de Paix; mais come ils sont du plus grand (et que d'ailleurs il est a presumer que les desaprobateurs travaillent incessament pour susciter quelque nouvele guerre, dans l'intention de faire le bonheur de la Societe civile) j'envoie par le meme courrier le double de cete Letre a chacun des Messeigneurs les Aprobateurs; en vous priant, Monseigneur, de vouloir bien agréer que je vous suplie, encore cete fois, de faire tout ce que vous pourrez, pour aider a achever, le plutot possible cet admirable chef d'oeuvre de Politique, comencé par un des plus braves, des plus judicieux et des meilleurs Souverains du monde ·/.

GARGA surnomé fransé

a Salon ce 14 janvier
1786

Monseigneur
Monseigneur le Ministre Plenipotentiaire
des Etats unis de l'Amerique

MONSEIGNEUR

Je vous prie de joindre a la Letre ci-incluse, quelque chose, si vous jugez a propos, pour encourager les Ameriquains a comencer eux memes par adopter l'union Souveraine, et la faire passer a son adresse, quand il vous plaira

GARGA surnomé fransé

MONSEIGNEUR

Je n'ai pas encore osé dire a aucun le nom des desaprobateurs par deux raisons. La premiere; parce que je crains qu'en se voient divulgez, fassent de nouveaux eforts pour atirer dans leur parti, les malfaiteurs de toute espece, et dissiper, par ce möien l'union Souveraine. Et la seconde; parce que j'espere que lors qu'on ne parlera en rien d'eux, ils auront regret de n'avoir pas eté des premiers aprobateurs de l'union, et viendront avec plaisir se rejouir sous son Drapeau; tout come les enfants de quels animaux qu'ils soient (homes et betes) vienent se refugier, se tranquiliser, et se rejouir, sous la protection de leurs peres et meres.

Neanmoins s'il est utile, Monseigneur, que vous les conoissiez pour etablir l'union Souveraine, je vous enverrai leurs noms sur une simple liste signee Garga surnomé fransé ·/. ou meme les Paquets, les Letres, et leurs cachets tels que je les ai recues de la Poste, excepté, que je les ai ouverts en dechirant le papier sans rompre aucun cachet. Sous les conditions neantmoins que les desaprobateurs ne seront point traités come d'homes mechants; mais simplement come d'homes ignorents ou come d'Enfants d'environ 5 ou 6 ans.

Mon adresse est a Pierre André Garga, surnomé fransé a la Maison de Madame Dastre a Salon ·/.

Je n'ai rien trouvé qui indiquât que Jefferson ait répondu à ces lettres, ni même qu'il y ait prêté la moindre attention.

Il n'y a guère de raison de douter que la brochure que Gargaz désigne à Jefferson sous le nom de « Union Souveraine » ne soit la même que le Projet qu'imprima Franklin et dont le titre complet est : « Conciliateur de toutes les Nations d'Europe ou Projet de Paix perpétuelle entre tous les Souverains de l'Europe et leurs Voisins. » Il est possible, encore que peu probable, que Gargaz ait fait imprimer des exemplaires supplémentaires de son Projet, ailleurs qu'à Passy, après 1782 et avant Décembre 1785, en employant un différent titre pour cette seconde édition. Il est possible également que Gargaz ait amendé son Projet après 1782 et que, l'ayant amendé, il lui ait donné un nouveau titre. Mais je n'ai pas pu trouver un seul exemplaire d'un projet écrit par Gargaz et portant le titre « Union Souveraine. » Le lecteur a vu que dans l'une de ses lettres à Franklin, Gargaz parle de son travail comme étant intitulé : « Union Souveraine »; mais cette lettre est antérieure à l'impression du Projet par Franklin.

On est quelque peu étonné de constater que Gargaz, dans ses lettres à Jefferson, n'indique pas que Franklin avait imprimé en 1782 le «Conciliateur de toutes les Nations d'Europe, ou Projet de Paix perpétuelle.»

On voudrait en savoir davantage sur le compte de ce maître d'école qui servit vingt ans dans les galères. Quelle éducation reçut-il? Qu'est-ce qui l'amena à écrire son projet? Nous devons supposer qu'il avait lu le compte rendu de Sully sur le Grand Dessein de Henri IV (ainsi appelé par Sully, alors qu'actuellement l'on considère que c'est lui-même et non pas Henri IV qui en fut l'auteur), et le «Projet pour rendre la Paix perpétuelle en Europe,» de l'Abbé de Saint-Pierre, car il parle de ces deux ouvrages dans son propre Projet. Jean-Jacques Rousseau avait publié, en 1761, son analyse de l'ouvrage de l'Abbé de Saint-Pierre, sous le titre d'«Extrait du Projet de Paix Perpétuelle de M. l'Abbé de Saint-Pierre.» Il est possible que Gargaz ait lu ce brillant écrit, avant de rédiger son propre ouvrage.

On se demande s'il avait lu « LeNouveau Cynée ou Discours d'Estat représentant les occasions et Moyens d'establir une Paix générale, et la liberté du Commerce par tout le Monde, » publié par Crucé, en 1623.

Il nous apprend lui-même qu'il était né à Thèze et qu'il y fut maître d'école jusqu'au moment où il fut arrêté et condamné pour un assassinat dont il était innocent. Thèze est aujourd'hui un hameau d'environ 240 habitants. Il est situé à quelques kilomètres de la ville de Sisteron en Provence. Gargaz écrivait à Jefferson de Salon (ville de quelque importance, non loin d'Aix en Provence); il semble que l'on en puisse conclure qu'il avait quitté Thèze, à une époque antérieure à décembre 1785, et avait établi son domicile à Salon. Peut-être, grâce aux bons offices de Franklin, avait-il réussi à obtenir les Lettres de Réhabilitation qu'il désirait tant et avait-il pu se procurer un emploi rémunérateur, à Salon.

Dans le Catalogue de la Bibliothèque Nationale on relève trois petits ouvrages par Pierre-André Gargaz (ou Gargas); en voici la description:

(1) Alfabet consiliateur de l'ortografe avec la prononsiasion franseze, por

doner des preinsipez envariablez e trez fasilez * * * par Pière-André Gargaz.

Marseille, impr. de J. Mossy, 1773, in- 8°, 28pp.

(Dep. des MSS. Joly de Fleury 1080 fol. 220)

(2) Contrat Social surnomé union francmaçone, entre tous les bons Citoiens de la Republique françoise * * * par le Citoien Pierre-André Gargas.

Toulon, imp. de P- J. Calmen (s.d.) in- 8° 11 pp.

(3) Contrat social surnomé union francmaçone par Pierre-André Gargas. Correspondance entre Pierre-André Gargas et M. de Voltaire 1776.

Toulon P- J. Calmen An. V. in- 8° 11 pp.

Peut-être quelque natif de Provence, entre les mains de qui ce petit livre tombera, voudra-t-il sonder les archives de Thèze, d'Aix en Provence, et de Salon, pour y chercher et nous donner de plus amples informations sur le compte de ce maître d'école enclin à la méditation, qui passa vingt ans dans les galères?

Si ma version anglaise du « Projet » paraît gauche et, en certains endroits, peu grammaticale, mon excuse est que je me suis efforcé de donner une traduction aussi littérale que possible du texte de l'auteur. Et je me suis abstenu de chercher à améliorer son style, persuadé que c'était le seul moyen de laisser dans la traduction un peu de la saveur de l'original. J'ai intentionnellement respecté l'usage généreux que l'auteur fait des majuscules.

Il est évident que Gargaz n'était pas un écrivain consommé et que son éducation n'était pas très étendue. Quiconque lira ses lettres originales en français sera frappé par certaines excentricités orthographiques et par l'absence des accents. On est tenté de penser que l'orthographe de son Projet aura été revue avant l'impression par Franklin.

Et pour conclure, ne convient-il pas de rappeler les éloquentes paroles de Franklin, dans une lettre du 27 juillet 1783, à son vieil ami Sir Joseph Banks :

Je me réjouis très cordialement avec vous du retour de la Paix. J'espère qu'elle sera durable et qu'à la longue, puisque les hommes s'intitulent des Créatures raisonnables, l'humanité aura assez de Raison et de Bon Sens pour régler ses différences sans se couper la Gorge ; car, à mon avis, *il n'y a jamais eu une bonne Guerre, ni une mauvaise Paix.* Que de Commodités et de Conforts l'Humanité aurait pu ajouter à l'Existence si l'Argent dépensé en Guerres avait été consacré à des Travaux d'utilité publique! Comme l'Agriculture se serait étendue, même jusquaux Sommets des Montagnes! Que de Fleuves auraient été rendus navigables ou rejoints par des Canaux! Que de Ponts, Aqueducs, nouvelles Routes et autres Travaux publics, Edifices et Améliorations, qui auraient fait de l'Angleterre un Paradis complet, auraient pu être exécutés, si l'on avait dépensé ces Millions à faire du bien, tandis que dans la dernière Guerre ils ont été dépensés à faire du Mal en répandant la Misère dans des milliers de Familles et en exterminant des milliers de travailleurs qui auraient pu accomplir l'utile travail!

III

Projet de Paix perpétuelle

(reprint)

CONCILIATEUR

DE TOUTES

LES NATIONS D'EUROPE,

OU

PROJET

DE PAIX PERPÉTUELLE

Entre tous les Souverains de l'Europe & leurs Voisins.

Par P. A. G.

1782.

Les moyens qu'on propose sont infaillibles et très-faciles à mettre en ufage, pour établir et maintenir cette Paix sous la dénomination *d'union univerfelle.*

On peut bien, à juste titre, la nommer universelle, parce qu'elle s'étendra dans les quatre principales parties de la Terre ; c'est-à-dire, en Europe, en Asie, en Afrique & en Amérique, & y éteindra le feu de la Guerre qui s'y trouve présentement allumé.

DÉFINITION
DE LA PAIX.

LA Paix est le lien de la ſociété des hommes, les délices de la Nature, la colonne des Loix, la tutrice des Arts, la conservatrice des Souverainetés, et la couronne des Victoires; c'est elle qui fait régner la Juſtice, qui cultive les Mœurs, qui rend tous les Peuples utiles les uns aux autres par le moyen du commerce; c'est elle qui maintient chacun dans ses propriétés, qui change les peines en plaiſirs, et qui ouvre de toutes parts des sources de félicité aux Empires.

La Paix; enfin, la Paix est le plus riche de tous les présents que les Souverains puissent faire aux Peuples.

Néanmoins, pour qu'elle ſoit ferme & durable, il faut abſolument que les conditions en soient justes, qu'elles ne causent point de dommage notable à aucun, que l'honneur de tous s'y trouve conservé, et que chacun puisse se faire gloire d'avoir consenti de bon cœur, et avec pleine connoissance de cause, à toutes les conditions insérées dans le dernier Traité.

SUPPLIQUE

TRÈS-RESPECTUEUSE,

Pour demander la Paix perpétuelle à un Roi très-pacifique et très-intègre.

SIRE,

LA bienfaiſance qui semble être innée dans VOTRE MAJESTÉ, pour y établir son trône, et y régner d'une manière particulière , a encouragé le nommé P. A. G. à prendre la très-respectueuse liberté de lui présenter ce Projet de Paix perpétuelle, dont HENRI LE GRAND en fut le Fondateur, en la suppliant le plus respectueusement et le plus fortement qu'il peut lui être permis , de l'adopter tel qu'il est , ou après que VOTRE MAJESTÉ aura pris la peine d'y ajouter ou retrancher tout ce qu'Elle jugera à propos pour le rendre meilleur. Il ofe vous demander cette grace , SIRE , par la vénération due à la mémoire de ce grand Prince, et par tout ce que VOTRE MAJESTÉ a de plus cher en ce monde, et dans le séjour des bienheureux en l'autre.

Il avoue qu'il est un sujet bien petit pour traiter une affaire si grande , et qu'il a même resté quelque temps fans en oser parler. Néanmoins , ayant remarqué que ce qu'il y a de plus simple entre les mains d'un chasseur (une pierre petite et brutte) produit du feu qui fait tomber à ses pieds toutes sortes d'animaux , même les plus redoutables ; et que ce qui passe de plus vil (le fumier) entre les mains du laboureur fait produire une quantité prodigieuse de fruits délicieux , très-utiles et très-agréables aux hommes ; ayant remarqué, dit-il, les effets merveilleux de ces deux choses , il s'est trouvé réellement persuadé et parfaitement convaincu que son Projet de Paix entre les mains de VOTRE MAJESTÉ y fera un effet admirable.

Effectivement, SIRE, si vous l'honorez de votre approbation , il fera tomber à vos pieds le monstre destructeur du genre humain (la Guerre) qui est encore plus redoutable et plus à craindre qu'aucun animal ; et outre cela , il fera produire abondamment une infinité de fruits dans tous les Pays où il sera adopté , et y fertilisera des campagnes entières , même sans qu'il en coûte rien.

Oui , Sire , sans qu'il en coûte rien , parce que les peines qu'on sera obligé de prendre, et les dépenses qu'il faudra faire pour établir et maintenir cette Paix, ne seront rien en comparaison des dépenses ruineuses qu'il faut faire , et des peines accablantes qu'on est forcé de prendre pour faire la Guerre.

Sans qu'il en coûte rien , dit-il , parce que , dès que VOTRE MAJESTÉ voudra bien , Elle adoptera ce système de Paix , et tous les Souverains d'Europe ſe feront un plaisir de marcher sur ses traces , pour exercer leur bienfaisance envers tous les Peuples , et transformer l'Europe en un véritable Paradis Terreſtre.

LETTRE

CIRCULAIRE

A chaque Particulier véritablement ami de tout le genre humain, et parfaitement zélé pour la gloire et le bonheur de tous les Souverains et de toutes les Nations d'Europe.

M

LE nommé P. A. G. prend la respectueuse liberté de vous présenter ce Projet, tendant à établir la Paix perpétuelle entre tous les Souverains de l'Europe et leurs Voiſins , en vous priant de faire tout votre possible pour le faire adopter tel qu'il est, ou après que vous aurez pris la peine d'y ajouter ou retrancher tout ce que vous jugerez à propos pour le rendre meilleur.

Il prend encore la liberté de vous observer , M , que de toutes les affaires (concernant la gloire et le bonheur temporel et éternel de tous les Souverains et de toutes les Nations d'Europe , et de pluſieurs autres principales parties de la Terre) celle-ci est la plus intéressante, et conſéquemment celle qui mérite le plus d'être honorée de votre attention.

MOYENS

INFAILLIBLES

Pour établir et maintenir la Paix perpétuelle entre tous les Souverains de l'Europe et leurs Voisins.

PREMIER MOYEN.

OUTRE le Médiateur, connu sous la dénomination d'Ambassadeur ou chargé d'affaires, que chaque Souverain est en usage d'entretenir dans chaque Cour étrangère, il sera encore établi dans la ville de Lyon, ou dans tel autre endroit qu'on jugera le plus convenable, un Congrès perpétuel, composé d'un Médiateur de chaque Souverain d'Europe et de tous leurs Voiſins à qui il plaira d'entrer dans l'union universelle. Dès que les Médiateurs seront au nombre de dix, à l'endroit désigné, pourvu qu'il y en ait au moins cinq des Souverains héréditaires , ils y délibéreront , à la pluralité des voix , sur tous les différends de leurs Maîtres. Lorsque les voix seront égales , toutes se rangeront du parti du Président, lequel sera toujours le Médiateur du Souverain héréditaire le plus âgé (c'eſt-à-dire , du Doyen par rapport à l'âge) qui se trouvera à l'Assemblée, laquelle sera convoquée par quel Médiateur qu'il ſoit, héréditaire ou électif.

Réflexions. « Le premier Souverain » qui adoptera cette union , la communi- » quera vraisemblablement à tous ses » Confrères qu'il connoîtra incliner le » plus vers la Paix perpétuelle , et les » invitera à envoyer chacun un Médiateur » à l'endroit qu'il jugera le plus conve- » nable pour y établir ledit Congrès.

» Les Médiateurs seront choisis par les » Souverains , et seront sans doute les » plus pacifiques, les plus éclairés et les » les plus intègres qu'ils pourront trou- » ver parmi leurs Conseillers ; consé- » quemment cette auguste Aſſemblée sera » l'élite des meilleurs esprits de toute » l'Europe ; et tous les Souverains unis » se feront sans doute gloire de les avoir

» pour Conseillers , et d'acquiescer à
» leurs délibérations.

» Ce respectable et judicieux Congrès
» (par son intégrité , par ses lumières ,
» et par la pleine liberté qu'il aura de
» parler , sans crainte de déplaire à per-
» sonne) tempérera infailliblement , par
» ses délibérations justes et impartiales ,
» tous les Confeils des Cours , qui font
» la plupart trop attachés à des intérêts
» et honneurs imaginaires de leurs Pa-
» tries , au préjudice des étrangères. »

SECOND MOYEN.

Par Terre et par Mer , tous les Souverains héréditaires céderont la préféance aux plus âgés de leurs Confrères , et ceux-ci l'accepteront avec toute la politesse convenable entre véritables amis , fans aucun égard à leurs Puiffances , ni à l'ancienneté de leurs Maisons ni de leurs Souverainetés. Tous les Souverains électifs céderont également la préséance à leurs Confrères les plus âgés, et à tous les héréditaires.

Remarques. « Il eft à propos que les
» Électifs donnent toujours la préséance

» aux Héréditaires, parce qu'étant réglée » par l'âge, les Héréditaires ne l'auroient » presque jamais, attendu que tous les » Électeurs élisent ordinairement des » Souverains très-âgés.

» Selon ce syſtème, la préséance fera » autant d'honneur à celui qui la don- » nera, qu'à celui qui la recevra, parce » que l'un et l'autre se conformeront à » l'ordre respectable établi par la nature » et par la raison ; au lieu que, dans le » syſtème actuel, la préséance ne fait » honneur ni à celui qui la reçoit, ni à » celui qui la donne, parce que le » plus souvent elle n'eſt qu'un simulacre » d'abaiſſement impoſé par celui qui la » reçoit à celui qui la donne; abaissement » qui ne plaît pas toujours à un Souverain » qui se voit plus âgé, et qui a lieu de » se croire plus puissant, plus judicieux » et plus intègre que celui devant lequel » il s'abaiſſe.

» Un des plus anciens, des plus éten- » dus et des plus respectables usages qui » soit aujourd'hui entre gens de même » condition bien inſtruits, c'est de céder » la préséance aux plus âgés ; consé-

» quemment , les Souverains étant tous » d'une même condition (Lieutenants de » l'Être Suprême) , et , comme lui , » portés à la bienfaisance , j'ose me flat- » ter qu'ils se feront tous un devoir et » même un plaisir de se conformer au » même usage , parce qu'il déſigne tou- » jours un respect réellement dû à l'an- » cienneté d'âge. »

TROISIEME MOYEN.

Chaque Souverain se contentera des Pays dont il se trouvera en possession lors de la première délibération du Congrès , sauf ceux qui se trouveront être le sujet de quelque contestation , lesquels , par ladite première délibération , seront adjugés et unis aux Souverainetés que les Médiateurs jugeront à propos ; c'est-à-dire , que chaque Souvéraineté restera dans les bornes qui lui seront assignées ou confirmées par ladite première délibération , sans pouvoir être agrandies ni diminuées par aucune raison quelconque , pas même à titre d'apanage , ni de dot , ni de douaire. Toutes ces choses seront payées en argent ou en fruits , mais jamais en fonds , parce que cela a occasionné et occasionneroit encore infailliblement une infinité de guerres. On fera seulement tous les échanges que le Congrès jugera à propos des Pays écartés , pour les approcher du centre des Souverainetés et les acquérir.

Nota. « Cet article, qu'on peut considérer comme la base de tous les autres, » plaira sûrément à tout Souverain intègre , parce qu'il n'a point de desirs » injustes d'envahir le bien d'autrui ; et » il sera réellement bien plus glorieux à » chaque Souverain de l'adopter, que de » chercher à reculer les bornes de son » Empire dans les Domaines des autres. »

QUATRIEME MOYEN.

Si un Souverain , quel qu'il soit de l'union , vient à mourir sans héritier présomptif, ou s'il porte ses armes dans quel Pays étranger que ce soit, avant d'en avoir obtenu la permission du Congrès , ledit Congrès élira (pour le remplacer , même à force d'armes, dans tous les biens et honneurs attachés à la Souveraineté) un des Princes légataires d'une Maison Souveraine,

Souveraine, qu'il jugera le plus capable de rendre ses peuples et ceux de ses Voisins heureux, en gouvernant une Souveraineté, sans aucun égard pour les parens de celui qui sera remplacé : chaque Souverain de l'union fournira tous les secours que le Congrès jugera à propos, pour établir et maintenir le Prince qu'il aura élu dans sa Souveraineté.

« Pour le bien de la Société, il est » très-utile que le Congrès n'ait aucun » égard pour les parens de celui qui sera » remplacé, afin que tous soient inté-» ressés à lui conserver la vie, et à l'em-» pêcher d'aller faire la guerre à aucun » étranger, pour maintenir la Souve-» raineté dans leur maison. »

CINQUIEME MOYEN.

On laissera à toutes les Nations une entière liberté du commerce par Terre et par Mer ; c'est-à-dire, que chaque Souverain pourra faire entrer dans ses États, et en sortir, toute sorte de marchandises et munitions, même de Guerre, et exiger dans toutes ses possessions tous les impôts qu'il voudra pour les entrées et sorties de qui que ce soit, sans qu'aucun Souverain ait droit de s'y opposer par aucune raison quelconque.

SIXIEME MOYEN.

Chaque Souverain sera toujours maître de construire et entretenir, par Terre et par Mer, toutes les Forteresses (pourvu qu'elles soient à deux mille cinq cents pas géographiques des confins), Vaisseaux et Troupes, le tout armé et discipliné comme il jugera à propos, afin de pouvoir toujours maintenir le bon ordre dans ses États, et pour être toujours prêt à se bien défendre contre qui que ce soit qui osera attaquer lui ou ses Voisins..

« Il n'y a rien de si juste que de se » bien maintenir dans ses possessions lé» gitimes, et rien de plus utile que d'a» voir de bonnes Fortifications, et de » bonnes Troupes pour les bien garder, » parce qu'elles déconcertent si fort les » usurpateurs, qu'ils n'osent pas même » les attaquer. »

SEPTIEME MOYEN.

Chaque Souverain entretiendra perpétuellement un nombre invariable de Régiments, de Compagnies, d'Officiers et d'Aumôniers pour son service de Mer et de Terre. Lorsqu'il viendra à en manquer seulement un (quel que ce puisse être, depuis le premier des Officiers Généraux, jusques et y compris le dernier Sous-Lieutenant et Aumônier) il sera remplacé sans aucun délai. Dans chaque Compagnie, il y aura toujours vingt hommes pour le moins, et de plus, tant que le Souverain voudra, pour son seul plaisir ou pour son besoin; de sorte que les nombres des simples Militaires, des Caporaux et des Sergens, seront les seuls qui augmenteront ou diminueront à proportion les uns des autres.

Remarques. « Par l'exacte observation » de ce septième moyen, il n'y aura ja- » mais d'Officiers oisifs ni trop de No- » vices; tous ceux qui, par leur naiſſance » ou par leur mérite personnel, auront » droit d'aspirer aux divers grades, » y pourront monter en tems de Paix

» comme en tems de Guerre, et ils ne
» seront jamais, comme ils sont en tems
» de Paix, intéressés à susciter la Guerre,
» pas même à la desirer. Lorsqu'en tems
» de Paix on laisse des places d'Officiers
» et d'Aumôniers vacantes, et qu'on les
» remplit en tems de Guerre, le simple
» bon sens dicte que cela excite naturelle-
» ment un très-grand nombre de per-
» sonnes accréditées à la desirer, et même
» à la susciter, pour parvenir auxdites
» places, ou pour y faire monter leurs
» protégés.

» Le sens commun assure encore, à ne
» laisser aucun doute, qu'il y a plusieurs
» particuliers qui font durer la Guerre,
» par la juste crainte qu'ils ont d'ètre re-
» formés, ou que leurs protégés le soient
» lors de la Paix ; d'où l'on doit conclure
» que la diminution d'Officiers, en tems
» de Paix, est une politique très-mau-
» vaise et très - injuste : très - mauvaise,
» parce qu'elle fait durer la Guerre ; et
» très-injuste, parce qu'elle abandonne
» d'honnètes gens qui ont travaillé, et
» les laisse sans aucun moyen pour s'en-
» tretenir.

« Ces Messieurs n'ayant pas d'autre art » que celui de Militaire , et n'ayant » point , ou très-peu de ressource d'ail» leurs , le Gouvernement doit les entre» tenir tous honnêtement selon leur état , » en tems de Paix tout comme en tems de » Guerre.

» La politique n'est pas moins injuste » de congédier , à la fin de la Guerre , » les simples Militaires et Matelots qui » n'ont aucun moyen pour gagner leur » vie ; on doit également les entretenir » en tems de Paix , parce que la Société » en étant toujours chargée , ils ne lui » coûtent pas tant en les entretenant dis» ciplinés , comme en les envoyant à la » débandade , bien souvent forcés d'aller » voler pour avoir de quoi vivre.

» En tems de Paix , l'on doit aussi en» tretenir ces pauvres garçons , et les » occuper à reparer ou à construire des » Vaisseaux , des Forteresses , des digues, » des grands chemins , des ponts , des » canaux d'arrosage , des pavés , &c. » A la fin de la Guerre , l'on ne doit » congédier que ceux qui ont le moyen » de s'entretenir honnêtement , en tra-

» vaillant selon leur état, sans être à
» charge ni faire tort à personne. »

HUITIEME MOYEN.

La Noblesse pourra, sans déroger à ſon état, s'occuper à plusieurs Arts et Métiers, principalement à l'Agriculture, aux ouvrages de soie, de coton, de chanvre, de lin, de laine, d'Orfévrerie, d'Imprimerie, de Commerce, &c. acheter et revendre en gros et en détail toutes sorte de marchandises.

« Ce huitième moyen engagera la No-
» blesse à protéger la Paix d'une manière
» particulière, afin de n'être pas troublée
» dans le Commerce, qui lui fera autant
» d'honneur que la Guerre, et lui don-
» nera beaucoup plus de profit. »

RECUEIL

DE QUELQUES

OBJECTIONS ET RÉPONSES,

POUR et contre la Paix et la Guerre.

PREMIERE OBJECTION.

» LA Guerre est un fléau de Dieu né-
» cessaire à sa Justice, conféquemment
» les Souverains ne peuvent l'éviter,
» mais ils doivent même la faire pour
» punir les peuples. »

RÉPONSE.

Les fléaux de Dieu nécessaires à sa Juftice, pour punir les peuples, sont diverses maladies épidémiques, les pluies, les sécheresses, les chaleurs et les froids excessifs; les grêles, les tempêtes, les orages, et généralement tous les maux dont l'homme ne peut empêcher les commencements ni diriger le cours.

L'expérience et le sens commun démontrent assez clairement, à toute personne raisonnable qui veut les écouter, que la Guerre n'est qu'une très-mauvaise production du libre Arbitre des Souverains agresseurs ; tout comme la Paix est une excellente production de libre Arbitre des Souverains défendeurs et pacifiques. Oui, la Guerre est une production du libre Arbitre des Souverains agresseurs ; car, soit les mauvais conseils, ou l'avarice, ou l'ignorance, &c. qui les induisent à aller faire la Guerre chez les autres, ou à leur donner un juste sujet de venir la faire chez eux, il est toujours vrai qu'ils sont les seuls auteurs de la Guerre, et qu'ils pourroient (s'ils savoient et vouloient bien) l'éviter.

Soutenir que les Souverains agresseurs ne peuvent éviter la Guerre, c'est démentir la Sainte Écriture même, puisqu'elle nous assure que David l'évita en la rejetant, lorsqu'on la lui proposa ; et si les Souverains agresseurs imitoient

David en semblable cas, il est très-certain qu'il n'y auroit jamais de Guerre entre Souverains.

Dire que tous les Souverains ne peuvent pas terminer tous leurs différends à l'amiable, et vivre toujours en Paix entre eux, c'est vouloir leur ôter le glorieux titre de Pères des peuples, qu'ils méritent si bien, lorsqu'ils les gouvernent en Paix ; c'est vouloir leur ravir la gloire de les rendre heureux ; c'est vouloir déroger à leur puissance, même à leurs droits ; c'est ſoutenir, mais d'une manière oblique et maligne, qu'ils ne peuvent rien par eux-mêmes.

Enfin, soutenir que les Souverains ne peuvent point vivre en Paix entre eux, c'est vouloir leur usurper le plus précieux de tous les présents que l'Être Suprême leur a fait, je veux dire le libre Arbitre.

Finalement, soutenir que les Souverains peuvent éviter la Guerre, mais qu'ils veulent la faire pour leur propre satisfaction, c'est parler contre la vérité, et déroger à la bienfaisance, à l'humanité et à l'intégrité des neuf dixièmes ; c'est-à-dire, que de dix Souverains, il y en a neuf ; que quand ils font la Guerre, c'est malgré eux, c'est qu'ils y sont forcés par quelque agresseur ordinairement très-mal conseillé.

SECONDE OBJECTION.

« La Guerre est utile pour faire acqué-
» rir de la gloire aux Souverains qui
» agrandissent leurs États par la force
» des armes. »

RÉPONSE.

Si les Souverains n'agrandissoient leurs États que de quelques Pays dont les habitans troubleroient le repos de leurs voisins, ou de quelques Pays inhabités, ou de quelques autres qu'on leur auroit usurpé ou promis de les leur remettre, à la bonne heure, cela feroit honneur à leur mémoire ; mais, dès qu'ils n'agrandissent leurs États que de Pays bien policés, et dans lesquels ils n'ont point d'autres droits que ceux que la force des armes leur donne, cela ne leur acquiert aucune gloire, ni aucun droit à la vénération de la Postérité.

TROISIEME OBJECTION.

« La Guerre est utile à la Noblesse, » afin de lui procurer des emplois dans » le Militaire, et des pensions de retraite » capables de l'entretenir dans un état » convenable à sa naissance. »

RÉPONSE.

Le véritable état qui convient à la Noblesse, c'est de s'occuper à défendre la Patrie, et à maintenir les Regnicoles et les Étrangers, chacun dans leurs propriétés, par la force de ses armes, et encore plus par des exemples de vertu et de bienfaisance. Elle a droit de porter les armes, mais ce n'est pas pour agresser l'Étranger ni le Regnicole.

S'il y a un particulier de Noblesse qui gagne dans la Guerre, il y en a neuf qui y perdent ; conséquemment elle lui est à charge, bien loin de lui être utile. Par l'exacte observation du septième et huitième moyen ci-devant, la Noblesse servira son Souverain, défendra sa Patrie, maintiendra le bon ordre, fera des profits considérables dans le Commerce, parviendra aux Emplois Militaires, gagnera des pensions de retraite en tems de Paix tout comme en tems de Guerre, et elle ne risquera jamais de perdre sa vie ni son bien.

QUATRIEME OBJECTION.

« La Guerre est utile pour faire cir- » culer les finances. »

RÉPONSE.

Oui, elle les fait circuler, mais d'une manière très-préjudiciable à la Société ; car l'on est obligé de ramasser presque toutes celles des Souverainetés qui sont en Guerre pour les porter aux Armées, ou leur fournir tout ce qui leur est nécessaire. Les Souverains vuident leurs coffres, empruntent à gros intérêts, vendent la Justice, c'est-à-dire, toutes les Charges publiques, engagent leurs revenus de plusieurs années à venir, prorogent les impôts anciens ; et quand la Guerre est un peu longue, ils sont forcés d'en créer de nouveaux, qu'on ne lève jamais plus. Et pourquoi ? Pour faire la Guerre, c'est-à-dire, pour entretenir les plus formidables Armées qu'il leur est possible, toujours occupées à couler à fond quelques Vaisseaux et tous leurs équipages, ou à les prendre avec leurs cargaisons ; à troubler le Commerce, à s'emparer de quelque Ville, de quelque Isle et de quelque Province, ou au moins les piller, les ravager, les brûler, et les mettre de fond en comble ; à dépouiller et ruiner des familles entières ; enfin, toujours occupées à lancer des coups mortels par mille différentes manières, et tuer impitoyablement toute sorte d'honnêtes gens qui se trouvent dans les Villes que l'on canone ou que l'on bombarde, sans distinction d'âge, ni de sexe, ni de condition. Voila comment et à quelles fins la Guerre fait circuler les finances.

Pour les faire circuler, il y a un grand nombre d'autres moyens qui feroient du bien à un nombre infini de personnes, sans jamais faire le moindre mal à aucun, et qui éleveroient dans une gloire immortelle tous les Souverains et leurs principaux Ministres qui seroient exacts a les faire valoir.

1°. Il y a une infinité d'endroits où il n'y a point de chemins faciles pour transporter les marchandises utiles des Villages aux Villes, pas même pour se visiter commodément entre amis, et se procurer les choses de première nécessité de Village à Village; il faut, à force de travaux, y faire des chemins praticables et commodes en tout tems.

2°. Il y a plusieurs campagnes désertes et arides qui ne produisent rien, ou très-peu, faute d'y avoir de l'eau. Il faut aussi, à force de travaux, les rendre fertiles, en y faisant des chemins praticables, en y bâtissant des maisons pour y loger des Laboureurs et autres Artisans, en y conduisant de l'eau de rivière par de grands canaux, à travers des marais, des ruisseaux et des colines, pour y faire des fontaines et y arroser. Dans d'autres endroits, l'on n'y en peut point conduire d'aucune rivière; mais, par le moyen de grosses chaussées, on y pourroit faire de très-grandes écluses, et les faire remplir d'eau de pluie et de neige, en y conduisant aussi, par de grands canaux, celle de plusieurs ruisseaux qui en donnent abondamment une et souvent plusieurs fois chaque année. Ces écluses donneroient continuellement une quantité d'eau suffisante pour y faire des fontaines, et arroser tous les jardins potagers et prés qui y seroient utiles.

3°. Il y a des rivières qui, faute de quelques digues, couvrent et gâtent des territoires immenses qui seroient très-bons pour produire abondamment plusieurs sortes de fruits. Il y faut faire et entretenir de bonnes digues, et n'y laisser d'inculte que le terrein utile pour le passage des eaux, ainsi qu'on fait en Hollande.

4°. Il y a des années abondantes en toute sorte de fruits en certaines contrées, pendant que d'autres sont fort stériles; alors il faut faire, comme plusieurs bons Intendans font pour le public dans leurs départements, remplir des magasins de tous ceux qu'on y peut conserver, pour les porter, en prêtant ou en payant, chez les voisins qui en ont besoin, ou pour les user dans le pays lors des années stériles qui viennent après; de manière que la disette ne puisse jamais entrer dans la Société.

5°. Il y a des pays très-fertiles en toute sorte de fruits, et pas assez peuplés pour les y consommer ; il y faut entretenir des Militaires à cheval ou à pied pendant quelques mois ou pendant toute l'année, en faire partir les uns à mesure que les autres y entrent, pour y consommer, en payant, les fruits qu'on y a de reste.

6°. La grêle, les orages, les maladies épidémiques, les incendies, &c. causent souvent des dommages énormes à tous les habitans ou à une partie de divers pays ; alors il faut apporter *gratis*, ou en prêtant, tous les secours nécessaires à ces infortunés.

7°. Il y a des pères et mères si mal éduqués, si pauvres, et quelquefois si paresseux et inhumains, qui laissent périr de misère leurs enfants, ou qui les élèvent si mal, qu'ils deviennent la partie honteuse et l'opprobre du genre humain. Il faut les priver du glorieux titre de père et de mère, et de l'autorité qu'ils ont sur leurs enfants, les leur ôter, et les placer chez de bons habitans capables de les bien élever et leur donner de l'industrie, en leur donnant toute l'autorité paternelle jusqu'à jusqu'à ce qu'ils aient atteint l'âge de vingt ans, et en leur payant une modique pension jusqu'à l'âge de dix ans.

8°. Il y a l'isthme du Panama en Amérique, et celle de Suez entre l'Asie et l'Afrique; ces deux isthmes empêchent la jonction de quatre Mers, et sont cause que, pour faire le tour de la Terre par eau, il faut environ trois ans, et s'exposer sur des Mers orageuses et très-souvent glacées, et sur des Côtes inhabitées. Il faut couper chacune de ces deux isthmes d'une Mer à l'autre par un canal d'environ soixante pieds de large, trente de profondeur, et environ quarante lieues de long; au moyen de ces deux canaux, l'on fera le tour du Globe terrestre, par eau, dans environ dix mois, et sur des Mers toujours bonnes pour la Navigation, et très-commodes pour établir sur toutes les Côtes de nouveaux commerces très-utiles entre plusieurs Nations. Voilà un grand nombre de moyens (sans compter une infinité d'autres que je serois trop long à détailler) qui sont plus que suffisans pour faire circuler toutes les finances de chaque État. Voilà, dis-je, des moyens réellement dignes d'occuper très-sérieusement tous les Souverains et leurs principaux Ministres, parce qu'ils éleveroient, comme j'ai déjà dit, dans une gloire immortelle, tous ceux qui travailleroient efficacement à les faire valoir (1).

CINQUIEME OBJECTION.

« La Guerre est utile pour détruire les » malfaiteurs, et pour empêcher que la » Terre ne se peuple trop. »

RÉPONSE.

Si la Guerre ne détruisoit que des malfaiteurs, à la bonne heure, mais c'est bien le contraire, car elle fait périr beaucoup plus d'honnêtes gens, et augmente

---

(1) *Nota*. Pour couper ces deux isthmes, il sera très-difficile et dispendieux, mais il ne sera pas impossible aux Souverains de l'Europe, lorsqu'ils seront unis par un Congrès intègre et perpétuel; car, s'ils font à ces deux canaux autant de dépenses comme ils en ont fait à la Guerre pendant les cinquante dernières années, il est très-certain qu'ils seront tous les deux perfectionnés dans environ quinze ans.

très-fort le nombre des malfaiteurs; attendu qu'à la faveur des troubles et des ténèbres dont la Guerre est toujours accompagnée, ces derniers se multiplient, triomphent et commettent impunément mille désordres ; au lieu que, pendant le calme de la Paix, ils ne peuvent presque pas commettre aucun crime impunément. La Justice que chaque Souverain peut faire exercer en tems de Paix, est beaucoup plus puissante, plus clairvoyante et plus intègre que la Guerre, pour contenir et même pour détruire les malfaiteurs.

Si en Europe il y avoit encore autant de peuple comme il y en a, on y cultiveroit mieux la Terre, et elle produiroit suffisamment de fruits pour nourrir encore autant de peuple comme elle en nourrit ; conséquemment la Guerre n'est pas utile pour détruire les malfaiteurs, ni pour empêcher le trop de population.

SIXIEME OBJECTION.

« Plusieurs Souverains ne voudront » point souscrire au second moyen, at- » tendu qu'ils seroient obligés de céder

» la préséance à plusieurs qui la leur
» donnent. »

RÉPONSE.

Si l'on proposoit de donner la préséance au plus sage, ou au plus puissant, ou au plus équitable, &c. il est certain que plusieurs se croiroient lésés, et qu'ils n'y acquiesceroient pas ; mais comme il ne s'agit que d'une convention de simple politesse, où chacun tient le rang que la noble simplicité de la nature lui a donné, et qu'elle ne déroge en rien à la puissance ni à la sagesse, &c. les Souverains sont trop bienfaisants pour n'y pas souscrire, en considération du bien infini qu'il en viendra à tous les Peuples, attendu que c'est un article des plus faciles, des plus justes et des plus principaux pour établir et maintenir la Paix perpétuelle.

SEPTIEME OBJECTION.

« Il y a plusieurs mauvais sujets dont
» les Souverains ne peuvent se passer en
» tems de Guerre, et desquels ils n'ont
» aucun besoin en tems de Paix. Ces
» gens-là font des concussions énormes,

» à la faveur des ténèbres de la Guerre, » et n'en peuvent point faire dans le » calme de la Paix. Pendant la Guerre, » les Souverains dépendent en quelque » façon d'eux, et, pendant la Paix, ce » sont eux qui dépendent des Souverains. » L'hiſtoire fournit plusieurs exemples de » ces sortes de gens, que pour s'enrichir » et se rendre nécessaires à leurs Maîtres » (sous l'apparence d'une fidélité à toute » épreuve, et d'un zèle le plus sincère), » ils leur ont suscité une infinité de » guerres ; tantôt en faisant secrétement » révolter les peuples de quelques Villes » ou de quelques Provinces ; tantôt en » faisant ou faisant faire quelque insulte » à leurs voisins, et en soutenant ensuite » qu'eux-mêmes l'avoient reçue ; tantôt » en leur persuadant qu'ils avoient de » grand droits dans des Pays où ils n'a» voient rien à prétendre, &c. Consé» quemment ces méchants sujets empê» cheront toujours l'établissement de la » Paix perpétuclle, sous mille prétextes » différents et faux. »

RÉPONSE.

De toutes les difficultés contre l'établissement de la Paix , il faut convenir que celle-ci est la plus difficile à surmonter ; néanmoins , en observant exactement le septième et huitième moyen cidevant , cette difficulté se trouvera applanie , et tombera d'elle-même. Premièrement , parce qu'un très-grand nombre de particuliers que leur propre besoin auroit forcés à desirer et même à susciter la Guerre pour avoir de l'emploi , ou pour en donner à leurs protégés , se trouveront intéressés à adopter le syſtême de Paix. Secondement , parce que le nombre des méchants et insatiables (qui préfèrent à la tranquillité publique les concussions et rapines qu'ils font pendant les troubles de la Guerre) n'osera se montrer , ou on le trouvera si abominable et se foible , que personne ne voudra l'écouter , et il ne pourra nuire ni à l'établissement ni à la durée de la Paix.

HUITIEME OBJECTION.

« Environ l'an 1606 , HENRI LE » GRAND , assisté de Sully , son prin-

» cipal Ministre, proposa d'établir la » Paix perpétuelle entre tous les Souverains d'Europe ; sa proposition ne fut » point admise. En 1712, l'Abbé de » Saint-Pierre donna au Public un très-bon Ouvrage tendant aux mêmes fins ; » cet Ouvrage ne fut point adopté ; conséquemment celui-ci restera de même » sans effet. »

RÉPONSE.

On a tout lieu de croire que le premier Projet etoit bon, parce qu'il étoit l'ouvrage de deux grands hommes très-judicieux. L'on doit être persuadé que le second étoit encore meilleur, parce qu'il étoit la quintessence du premier, et augmenté de plusieurs nouveaux moyens trouvés par son Auteur. Enfin, l'on doit être convaincu que ce troisième est encore meilleur que les deux autres, et qu'il ne peut pas manquer d'être adopté ; premièrement, parce qu'il est la quintessence du premier et du second ; secondement, parce qu'il est aussi augmenté de plusieurs nouveaux moyens inventés par son Auteur ; et troisièmement, parce que les

Souverains d'aujourd'hui, de même que leurs principaux Ministres, sont plus éclairés et plus judicieux que ceux de ce tems-là, et conſequemment plus humains, plus bienfaiſans, et plus portés à la Paix.

NEUVIEME OBJECTION.

« Une affaire de si grande importance » ne doit être traitée que par des Souve- » rains, ou par des Princes du Sang, ou » par des Conseillers d'État, ou au moins » par des Gens revêtus de quelque Emploi » public, et il ne doit être permis à aucun » simple particulier de s'en mêler. »

RÉPONSE.

Les Souverains, les Princes de Sang, les Conseillers d'État, et généralement tous ceux qui sont revêtus de quel Emploi public que ce puisse être, sont, par leurs Charges, obligés à travailler pour ce même public, et conséquemment obligés à travailler pour établir la Paix perpétuelle, qui sera un de ses plus grands biens. Néanmoins, si un simple particulier, quel que ce puisse être, veut proposer les moyens qui lui paroissent les plus convenables pour établir cette Paix, cela doit lui être permis, et personne ne doit s'y opposer, afin qu'il puisse exercer son zèle envers les Souverains, et sa bienfaisance envers le public dont il est membre ; et parce que quelquefois il peut faire quelque découverte ou proposition intéressante, aussi bien qu'un homme en place. On ſait assez que les plus belles et les plus utiles inventions ſont dues au hasard, et qu'un génie médiocre est quelquefois plus heureux qu'un génie supérieur.

DIXIEME OBJECTION.

« L'histoire et l'expérience nous ap-
» prennent que de tous tems les Souve-
» rains ont eu Guerre entre eux ; d'où l'on
» peut conclure qu'ils en auront toujours,
» et qu'il faut qu'il y ait du sang répandu,
» c'est-à-dire, des Guerres, pour ter-
» miner plusieurs de leurs différends. »

RÉPONSE.

Jadis les Souverains d'Allemagne, les Seigneurs de France, de Pologne, et de plusieurs autres endroits , terminoient presque tous leurs différends par la voie de la Guerre ; ils armoient leurs sujets les uns contre les autres , et ils remplissoient les Pays de meurtres et de violences ; la Noblesse regardoit cet usage barbare comme le plus beau de ses privilèges.

Les uns et les autres ayant reconnu que la Guerre n'étoit qu'un chétif reste de la barbarie des premiers siécles, et une marque de l'ignorance des premiers Souverains , et qu'elle causoit des dommages énormes à eux-mêmes et à leurs peuples , ils prirent le sage parti d'établir entre eux la Paix perpétuelle ; c'est-à-dire , qu'ils convinrent de terminer tous leurs différends d'une manière amicale et humaine , par les jugements de divers Congrès , tels que sont les Diettes en Allemagne et en Pologne , et les Parlements et Conseils Supérieurs en France.

Cette Paix dure encore aujourd'hui dans tous ces Pays-là , et il y a toute apparence qu'elle y durera tant qu'il y aura des hommes. Ce heureuses révolutions , jointes à la bienfaisance dont les Souverains se font gloire et plaisir d'exercer envers tous les Peuples, donnent lieu d'espérer qu'ils embrasseront aussi le même syftème de Paix, par un Congrès qu'ils établiront incessamment, pour être toujours attentifs à terminer tous leurs différends d'une manière honnête, amiable, paisible et intègre.

ONZIEME OBJECTION.

« Si les Souverains étoient toujours » d'accord entre eux, ils ne craindroient » jamais la révolte d'aucune de leurs » Villes ou Provinces, et alors ils char- » geroient leurs Peuples d'impôts si ex- » cessifs, qu'ils en feroient d'espèces de » vils efclaves. »

RÉPONSE.

Les Souverains qui vivent en Paix depuis le plus long-tems, sont ceux dont les Peuples sont les moins chargés d'impôts, et ceux qui sont les plus heureux. La Guerre seule est la cause des impôts excessifs dont plusieurs Souverains ont été forcés de surcharger leurs Peuples ; d'où l'on peut conclure qu'elle n'est pas utile pour empêcher les Souverains d'augmenter les impôts ; bien au contraire, c'est la continuation de la Guerre qui empêche de les décharger d'une partie.

DOUZIEME OBJECTION.

« Il auroit fallu proposer de donner la » Présidence du Congrès au Ministre du » plus puissant Souverain, parce qu'il » établiroit et maintiendroit l'union uni- » verselle par le seul honneur qu'il auroit » d'en être le Chef, ou au moins la donner » chacun à son tour. »

RÉPONSE.

En donnant la Présidence au plus puissant, cela lui donneroit une espèce de supériorité qui ne plairoit pas à tous les Souverains, et qui en empêcheroit plusieurs d'entrer dans l'union, afin de ne point reconnoître une espèce de Supérieur dans la personne du Président perpétuel, qui seroit peut-être quelquefois un enfant sans expérience, et rarement un Doyen consommé dans l'art de bien gouverner.

En donnant la Présidence chacun à son tour, cela rebuteroit également plusieurs

Souverains d'entrer dans l'union , afin de n'être pas quelquefois obligés de déférer à l'avis du Médiateur d'un Souverain moins puissant , moins sage , moins intègre , et , pour comble de répugnance , moins âgé qu'eux.

Finalement , il est à propos de donner la Présidence au Doyen ; premièrement , parce que , par rapport à son âge , il méritera toujours une espèce de respect qui ne déplaira jamais à personne , attendu que celui qu'on rend à l'ancienneté d'âge a toujours une espèce de rapport à celui que la créature doit à son Créateur , et parce que chacun desire de se voir fort âgé ; et secondement , parce qu'un Souverain d'un âge avancé est ordinairement plus pacifique qu'un jeune , attendu qu'ayant plus d'experience , il a plus de discernement , et il connoît mieux le prix inestimable de la Paix. D'ailleurs , la foiblesse de son corps et la tiédeur de son sang l'engagent naturellement à rejeter les fatigues et les soins qu'il faut toujours prendre pour soutenir la Guerre , afin de jouir de repos et de la tranquillité dont la Paix est toujours accompagnée.

TREIZIEME OBJECTION.

« Présentement que deux des princi-
» paux partis d'Europe sont en Guerre ,
» il n'est pas tems de proposer la Paix
» perpétuelle , il auroit fallu attendre
» qu'ils eussent fait leur Paix particulière. »

RÉPONSE.

Toute sorte de tems peut être employé utilement à traiter de la Paix universelle ; si l'on en traite sérieusement en tems de Guerre, l'on facilitera la Paix particulière.

Si l'on en traite pendant les conférences de la Paix , l'on en accélérera la conclusion.

Et si l'on en traite pendant la Paix , l'on en établira la durée : de sorte que , pour une affaire si intéressante et si facile , on ne doit faire aucun retardement , l'on doit y travailler dès-à-présent , et même avec toute l'activité possible.

FIN.

IV

Projet de Paix perpétuelle

(english version)

CONCILIATOR

OF ALL

THE NATIONS OF EUROPE,

OR

PROJECT

OF PERPETUAL PEACE

Between all the Sovereigns of Europe & their Neighbors.

By P. A. G.

1782.

The means proposed are infallible and very easy to put into use, to establish and maintain this Peace under the name of *universal union.*

One may rightly call it universal because it will spread to the four principal parts of the Earth; that is to say, to Europe, to Asia, to Africa and to America, and will extinguish the conflagration of War which at this moment is blazing there.

DEFINITION
OF PEACE.

PEACE is the bond of human society, the delight of Nature, the pillar of the Law, the guardian of the Arts, the preserver of Sovereignties, and the crown of Victories; it is Peace that causes Justice to reign, that improves Morals, that renders all the Nations useful to each other by means of commerce; it is Peace that protects every one in his property, that turns mourning into joy, and that, on all sides, throws open to the Empires sources of happiness.

Peace; in a word, Peace is the richest of all the gifts that the Sovereigns can make to the Nations.

Nevertheless, in order that it may be firm and lasting, it is absolutely necessary that its terms be just, that they cause no marked injury to any one, that the honor of all be found thereby conserved, and that every one may be able to glory in having consented cheerfully and with full knowledge, to all the conditions inserted in the final Treaty.

A MOST RESPECTFUL

PETITION,

Requesting perpetual Peace of a very pacific and upright King.

SIRE,

THE benevolence which seems to be inbred in YOUR MAJESTY in order to establish its throne in you and to reign in you in a peculiar manner, has encouraged the said P. A. G. to take the most respectful liberty of presenting to you this Project of perpetual Peace, of which HENRY THE GREAT was the Founder, begging you, as respectfully and as earnestly as may be permitted him, to adopt it in its present form, or after YOUR MAJESTY shall have taken the trouble to add to or subtract from it whatever you shall deem proper to the end that it may be bettered. He dares to ask this favor of you, SIRE, for the sake of the veneration due to the memory of that great Prince, and for the sake of all whom YOUR MAJESTY has most dear in this world and in the abode of the blest in the other.

He admits that he is a very humble subject to treat of so great a matter, and that he has even remained some time without daring to speak of it. Nevertheless, having observed that the simplest of things in the hands of the huntsman, (a little rough stone), produces fire which causes all sorts of animals, even the most formidable, to fall at his feet; and that what is accounted most vile, (dung), in the hands of the husbandman causes the production of a prodigious quantity of delicious fruits, very useful and very agreeable to men; having observed, he says, the marvelous effects of these two things, he has found himself really persuaded and thoroughly convinced that his Project of Peace, in the hands of YOUR MAJESTY, will produce an admirable effect.

Indeed, SIRE, if you honor it with your approval, it will cause to fall at your feet that monster, destructive of the human race, (War), which is still more formidable and more to be feared than any animal; and, beyond that, it will cause to be produced in abundance an infinite number of fruits in all the Countries where it shall be adopted, and will render fertile whole districts there, without costing anything.

Yes, SIRE, without costing anything, because the trouble that one will be obliged to take, and the expenditures that it will be necessary to make in order to establish and maintain this Peace, will be nothing in comparison with the ruinous expenditures that it is necessary to make, and the overwhelming trouble that one is forced to take in order to make War.

Without any cost, says he, for the reason that, as soon as YOUR MAJESTY shall be pleased to do so, you will adopt this system of Peace, and all the Sovereigns of Europe will make it their pleasure to walk in your footsteps so that they may exercise their benevolence towards all the Nations, and transform Europe into a veritable Earthly Paradise.

CIRCULAR

LETTER

To every Individual who is truly the friend of the whole human race and thoroughly zealous for the glory and the happiness of all the Sovereigns and Nations of Europe.

M

THE said P. A. G. takes the respectful liberty of presenting to you this Project tending to establish perpetual Peace between all the Sovereigns of Europe and their Neighbors, praying you to do all that you can to cause it to be adopted in its present form, or after you shall have taken the trouble to add to or subtract from it whatever you shall deem proper to the end that it may be bettered.

He again takes the liberty of observing to you, M   , that, of all matters (concerning the glory and the happiness, temporal and eternal, of all the Sovereigns and Nations of Europe, and of several other principal parts of the Earth) this is the most interesting, and, consequently, that which most deserves to be honored with your attention.

INFALLIBLE

MEANS

For establishing and maintaining perpetual Peace between all the Sovereigns of Europe and their Neighbors.

FIRST MEANS.

BESIDES the Mediator, known under the name of Ambassador or *chargé d'affaires*, that each Sovereign is accustomed to maintain in each foreign Court, there shall be established in the City of Lyons, or in such other place as shall be considered the most suitable, a perpetual Congress, composed of one Mediator for each Sovereign of Europe and one for each of his Neighbors who shall be pleased to enter into the universal union. As soon as there shall be ten Mediators at the designated place, (provided that there are at least five representing hereditary Sovereigns) they shall there pass judgment, by a plurality of votes, upon all the differences of their Masters.

When the votes are equal, all shall side with the decision of the President, who shall always be the Mediator of the oldest hereditary Sovereign (that is to say, he who is the senior in age) who shall be present at the meeting, which shall be convoked by any Mediator whomsoever, hereditary or elective.

Reflections. "The first Sovereign who shall adopt this union, will probably communicate it to all those of his *Confrères* whom he shall know to be inclined toward perpetual Peace, and will invite each one of them to send a Mediator to the place which he shall consider the most suitable for the establishment of the said Congress.

"The Mediators will be chosen by the Sovereigns, and will be, without doubt, the most pacific, the most enlightened and the most upright that they are able to find among their Councilors; consequently this august Assembly will be the élite of the best minds of all Europe; and all the allied Sovereigns will doubtless be proud to have them for Councilors and to acquiesce in their decisions.

"This worthy and judicious Congress (by its integrity, by its ability and by the full liberty that it will have of speaking without fear of displeasing any one) will, infallibly, by its just and impartial deliberations, exercise a moderating influence upon all the Councils of the Courts, which are, for the most part, too much attached to the imaginary interests and honors of their own Countries, to the prejudice of other nations."

SECOND MEANS.

On Land and on Sea, all the hereditary Sovereigns shall yield precedence to the eldest of their *Confrères*, and the latter shall accept it with all the politeness appropriate between true friends, without any regard to their power or to the antiquity of their Houses or of their Sovereignties. All the elective Sovereigns shall likewise yield precedence to the eldest of their *Confrères*, and to all the hereditary Sovereigns.

Remarks. "It is proper for the Electives always to give the precedence to the Hereditaries, because, it being regulated by age, the Hereditaries would almost never have it, for the reason that the Electors ordinarily elect Sovereigns who are very old.

"According to this system, the precedence will do as much honor to him who shall give it as to him who shall receive it, because each will conform himself to the honorable order established by nature and by reason; instead of which, under the present system, the precedence does honor neither to him who receives it nor to him who gives it, because most often it is only a sham abasement imposed by him who receives it upon him who yields it; an abasement not always pleasing to a Sovereign who sees himself the elder, and who has reason to believe himself more powerful, more sagacious and more upright than is he before whom he abases himself.

"One of the most ancient, widespread and respectable customs of today among well educated people of the same condition, is that of yielding precedence to elders;

consequently, the Sovereigns being all of the same condition (Lieutenants of the Supreme Being), and, like him, inclined to beneficence, I dare flatter myself that they will all make it a duty and even a pleasure to conform themselves to the same custom, because it always betokens a respect really due to seniority of age."

THIRD MEANS.

Each Sovereign shall content himself with the Countries of which he shall be found to be in possession at the time of the first deliberation of the Congress, except those that shall be found to be the subject of some dispute, the which by the said first deliberation shall be awarded and united to such Sovereignties as the Mediators shall judge proper; that is to say, each Sovereignty shall remain within the limits which shall be assigned or confirmed to it by the said first deliberation, without being able to be enlarged or diminished for any reason whatever, not even by right of appanage, or of dot or of dower. All those things shall be paid in money or in products, but never in lands, because that has occasioned, and would certainly occasion again, an infinity of wars. There shall be made, merely, all the exchanges that the Congress shall deem proper, of far distant Countries, in order to bring them near to the Center of the Sovereignties and to acquire them.

Note. "This article, which may be considered as the basis of all the others, will surely please every upright Sovereign, because he has no unjust desires to encroach upon the estate of another; and it will really be much more glorious for each Sovereign to adopt it, than to seek to extend the borders of his Empire into the Domains of others."

FOURTH MEANS.

If any Sovereign in the union dies leaving no heir presumptive, or if he carries his military forces into any foreign country whatever, before having obtained the permission of the Congress, the said Congress shall elect (to replace him, even by force of arms, in all the estates and honors attached to the Sovereignty) one of the *Princes légataires* of a Sovereign House whom it shall consider the most able to render happy his own people and those of his Neighbors, in governing a Sovereignty, without any regard for the relatives of him who shall be replaced: each Sovereign of the union shall furnish all the aid that the Congress shall deem proper, to establish and maintain in his Sovereignty the Prince whom it shall have chosen.

"For the welfare of Society, it is most expedient that the Congress shall not have any regard for the relatives of him who shall be replaced, to the end that all may be interested to preserve his life, and to prevent him from making war on any foreign power for the purpose of keeping the Sovereignty in their family."

FIFTH MEANS.

There shall be left to all the Nations entire freedom of commerce on Land and on Sea; that is to say, each Sovereign shall be free to cause to enter into and to go out from his States, all kinds of merchandise and munitions, even of War, and to exact, throughout his possessions, all the taxes he shall wish, upon the imports and exports of anything whatsoever, without any Sovereign having the right to object thereto for any reason.

SIXTH MEANS.

Each Sovereign shall always be free to construct and maintain, on Land and on Sea, all Fortresses (provided that they be distant two thousand five hundred geographical paces from the borders), War vessels and Troops, all armed and disciplined as he shall deem proper, so that he may at all times be able to maintain good order in his States, and always be ready to defend himself against any one who shall dare to attack him or his Neighbors.

"There is nothing so justifiable as maintaining oneself in one's lawful possessions, and nothing more effective than having good Fortifications and good Troops to guard them well, because they so greatly disconcert invaders that they dare not even attack them."

⚜

SEVENTH MEANS.

Each Sovereign shall perpetually maintain an invariable number of Regiments, Companies, Officers and Chaplains for his Land and Sea services. As soon as there shall be lacking a single one (whoever it may be, from the highest of the General Officers down to and including the last Sub-Lieutenant and Chaplain) he shall be replaced without any delay. In each Company there shall always be at least twenty men, and as many more as the Sovereign shall wish, for his pleasure alone or for his needs, so that the numbers of privates, of corporals and of sergeants shall be the only ones which shall increase or diminish proportionally one with the other.

Remarks. "By the strict observance of this Seventh Means, there will never be idle Officers or too many *novices;* all those who, by reason of their birth or their personal merit shall have the right to aspire to various grades, will be able to rise in time of Peace as much as in time of War, and they will never be, as they are in time of Peace, interested to bring about War, or even to desire it. When in time of Peace one leaves the places of Officers and Chaplains vacant, and in time of War fills them, simple good sense suggests that that naturally excites a great number of persons of credit to desire and even to bring War about so that they may attain the said places or cause their protégés to do so.

"Common sense assures, too, without any doubt, that there are many persons who make War last, through the justifiable fear they have that they or their protégés may be discharged as soon as Peace is made; from which one must conclude that the decreasing of the number of Officers, in time of peace, is a very bad and very unjust policy: very bad because it causes War to last, and very unjust because it abandons honest people who have worked hard and leaves them without any means of supporting themselves.

"These Gentlemen have no other profession than that of Soldier, and having very few or no resources besides, the Government ought to maintain them all honestly according to their condition, in time of Peace just as in time of War.

"The policy of discharging, at the end of the War, the private soldiers and the sailors who have no means of gaining their living, is no less unfair; one ought equally to maintain them in time of Peace, because Society being always burdened with them, they do not cost it as much in supporting them while under discipline, as in disbanding them, which often forces them to resort to robbery in order to have the wherewithal to live.

"In time of Peace, one ought also to maintain these poor fellows and to occupy them in repairing or constructing Ships, Fortresses, dykes, highways, bridges, irrigation canals, roads, &c. At the end of the War one ought to discharge only those who have the means to support themselves honestly by working according to their condition, without being a charge upon or doing wrong to any one."

EIGHTH MEANS.

The Nobility will be able, without derogation to their position, to occupy themselves in many Arts and Trades, principally in Agriculture, in the production of silks, cottons, hemp, linens, woolens and Jewelry, in Printing, in Commerce, &c., buying and selling again at wholesale or at retail all sorts of merchandise.

"This eighth means will bind the Nobility to protect Peace in an especial manner, in order that they may not be troubled in the Commerce which will do them as much honor as War and will give them much more profit."

A COLLECTION

OF SOME

OBJECTIONS AND REPLIES,

FOR and against Peace and War.

FIRST OBJECTION.

"WAR is a scourge of God, necessary to his Justice, consequently the Sovereigns can not avoid it, they are even obliged to make it, for the punishment of the nations."

REPLY.

The scourges of God necessary to his Justice for the punishment of the nations, are divers epidemic maladies, rains, droughts, excessive heat and cold, hailstorms, tempests, storms, and, generally, all the evils of which man can neither prevent the beginnings nor direct the course.

Experience and common sense demonstrate clearly enough to every reasonable person willing to listen to them, that War is only a very evil product of the free Will of the aggressor Sovereigns; just as Peace is an excellent product of the free Will of defendant and pacific Sovereigns.

Yes, War is a product of the free Will of aggressor Sovereigns; because, be it bad advice, or avarice, or ignorance, &c., which induces them to make war on the others, or to give the latter just cause for making war on them, it is always true that they are the sole authors of War, and that they could (if they knew how and were willing) avoid it.

To maintain that the aggressor Sovereigns cannot avoid War, is to contradict Holy Scripture itself, since it assures us that David avoided it in rejecting it when it was proposed to him; and if the aggressor Sovereigns were to imitate David in a like case, it is very certain that there would never be war between Sovereigns.

To say that all Sovereigns can not settle all their disputes in a friendly way and always live in peace with each other, is to endeavor to deprive them of the glorious title of Fathers of their Peoples, which they deserve so well when they govern them in peace; it is to strive to rob them of the glory of rendering their peoples happy; it is to seek to derogate from their power and likewise from their rights; it is to maintain, but in an underhand and malicious way, that they can do nothing of themselves.

In a word, to assert that the Sovereigns can not live in peace with each other, is to endeavor to wrest from them the most precious of all the gifts that the Supreme Being has given to them, namely, free Will.

Lastly—to maintain that the Sovereigns can avoid War, but that they wish to make it for their own satisfaction, is to speak contrary to the truth and in derogation of the benevolence, the humanity and the integrity of nine-tenths of them; that is to say, that of ten Sovereigns, there are nine, who when they make war, do so in spite of themselves, and because they are forced into it by some aggressor, usually one who is very badly advised.

SECOND OBJECTION.

"War is useful for the acquisition of glory by the Sovereigns who enlarge their States by force of arms."

REPLY.

If Sovereigns enlarged their States only with those territories whose inhabitants were troubling the tranquillity of their neighbors, or with some uninhabited countries, or with others that one may have wrested from them or have promised to give back to them, well and good,—that would do honor to their memory; but when they enlarge their States only with Countries well civilized and in which they have no rights other than those which force of arms gives them, they do not thereby acquire any glory or any right to the veneration of Posterity.

THIRD OBJECTION.

"War is useful to the Nobility in procuring for them employment in the Military service and retiring pensions capable of supporting them in a state appropriate to their birth."

REPLY.

The true state suitable to the Nobility is that of occupying themselves in defending the country and in maintaining both the Natives and the Foreigners in their possessions, by force of their arms, and even more by examples of virtue and beneficence. The Nobility are entitled to bear arms, but not for the purpose of attacking either the Foreigner or the Native.

If there is one of the Nobility who gains by war, there are nine who lose by it; consequently it is a burden, and very far from being of benefit to them. By a strict observance of the above seventh and eighth Means, the Nobility will serve their Sovereign, defend their Country, maintain good order, make very material profits in Commerce, obtain Military positions, gain retiring pensions, in time of peace just as in time of war, and will never risk losing their lives or their property.

FOURTH OBJECTION.

"War is of use to make money circulate."

REPLY.

Yes, it makes it circulate, but in a way very prejudicial to Society; because it is necessary to scrape up almost all of it that belongs to the Sovereignties which are at war, in order to transport it to the Armies, or to furnish them with everything necessary. The Sovereigns empty their coffers, borrow at high interest, sell justice, that is to say, all the public Offices, pledge their revenues for several years to come, prolong the old taxes; and when the War is somewhat long, they are forced to create new taxes that are never afterwards abolished. And why? To make War, that is to say, to maintain the most formidable Armies possible, always occupied in sinking Ships and all their crews or in taking them with their cargoes, in troubling commerce, in seizing some City or some Island or some Province, or at least pillaging, ravaging, burning and destroying them; in despoiling and ruining whole families; in a word, always occupied in dealing deadly blows in a thousand different ways, and in mercilessly killing all sorts of good people who happen to be in the bombarded Cities, without distinction of age, sex or condition. That is how and for what purposes War makes money circulate.

There are a great many other ways to make it circulate which would do good to an infinite number of persons, without ever doing the least harm to any one, and which would raise to an undying fame all the Sovereigns and their chief Ministers who should be diligent in making the most of them.

1°. There are a great many districts where there are no roads suitable for the transportation of useful merchandise from the Villages to the Cities, where there are not even roads for the convenient exchange of visits between friends and for the obtaining of things of prime necessity in neighboring Villages; roads that are convenient and usable in all weathers must be built there by means of labor.

2°. There are many arid and desert regions which produce little or nothing, for lack of water. It is necessary to render them productive by means of labor, building usable roads there, erecting houses in which to lodge Laborers and other Artisans, conducting river water by large canals, across swamps, brooks and hills to make fountains for the watering of those districts. In other places one cannot conduct water from any river, but by means of big dykes, one could build very large basins there and fill them with water from rains and snows, bringing there, also, by large canals, the water from many brooks which give an abundant supply once and often several times in each year. These dams would continually give a quantity of water sufficient to make fountains and to water all the vegetable gardens and meadows which could be of use in those parts.

3°. There are rivers which, for lack of dykes, spread over and spoil immense territories which would be excellent for the abundant production of many kinds of fruits of the earth. Good dykes must be built and maintained there, and there must be left uncultivated, only the land necessary for the passage of the waters, as is done in Holland.

4°. In certain countries there are years abounding in all sorts of crops and others in which the crops are very poor; in the latter case it is necessary to do as many good *Intendants* do for the public in their departments—fill the warehouses with all the farm products that one can store there, in order either to lend or to sell them to neighbors who have need of them, or to use them within the country during the sterile years that come later; so that famine may never enter Society.

5°. There are some countries that are very productive which do not contain enough people to consume what is produced there; in those parts it is necessary to maintain soldiers, cavalry or infantry, during some months or during the whole year, making each class leave as the other enters, so that they may there consume the surplus products, which products are to be paid for.

6°. Hail, storms, epidemic maladies, fires, &c., often cause enormous damage to all the inhabitants or to a part of various countries; in such cases there must be brought to those unfortunates, as a gift or as a loan, all the aid which they need.

7°. There are fathers and mothers so badly reared, so poor, and, sometimes, so idle and cruel, that they allow their children to die of misery, or who bring up their children so badly that they become the shameful part and the disgrace of mankind. They must be deprived of the glorious titles of father and mother, and of the authority that they have over their children; the children must be taken away from them and placed with good citizens capable of raising them properly and of teaching them industry; giving to such citizens complete paternal authority over the children until they attain the age of twenty years, paying them a small pension until the children reach the age of ten years.

8°. There is the isthmus of Panama in America and that of Suez between Asia and Africa; these two isthmuses prevent the junction of four Seas and are the reason that, to go around the World by water, requires about three years and exposes one to stormy and very often icy Seas, and uninhabited Coasts. Each of these two isthmuses must be cut from one Sea to the other by a canal about sixty feet wide, thirty feet deep and about forty leagues long; by means of these two canals one will make the tour of the terrestrial Globe, by water, in about ten months, and upon Seas that are always good for Navigation and very convenient for the establishment upon all the Coasts thereof of new and very beneficial trade between many Nations. Such are a number of the ways (without counting a multitude of others that I should be too long in detailing) which are more than sufficient to make money circulate in each State.

Such are, I say, some of the means really worthy of occupying very seriously all the Sovereigns and their chief Ministers, because they would, as I have already said, raise to immortal fame all those who should labor efficaciously to put them into operation (1).

FIFTH OBJECTION.

"War is useful to destroy evil-doers and to prevent the Earth from being overpopulated."

REPLY.

If War destroyed only the evil-doers, well and good, but the contrary is the fact,

(1) *Note.* To cut these two isthmuses will be very difficult and expensive, but it will not be impossible for the Sovereigns of Europe, as soon as they shall be united by a Congress upright and perpetual; because, if they spend upon these two canals as much as they have spent upon War during the last fifty years, it is very certain that both will be completed in about fifteen years.

because it causes many more good men to perish and greatly increases the number of evil-doers, as, under cover of the troubles and the obscurity which always accompany War, these last multiply, triumph and commit with impunity a thousand disturbances; whereas during the calm of Peace they can commit scarcely any crime with impunity. The Justice that each Sovereign can cause to be administered in time of Peace is much more potent, more enlightened and more honorable than War for curbing and even for destroying the evil-doers.

If in Europe there were as many people again as there are, one could cultivate the Land better and it would produce crops sufficient to feed as many people again as it does now; therefore War is not useful either to destroy evil-doers or to prevent overpopulation.

SIXTH OBJECTION.

"Several Sovereigns will not be willing to subscribe to the second means, in view of the fact that they would be obliged to yield precedence to several who now give it to them."

REPLY.

If one proposed to give the precedence to the wisest, or to the most powerful, or to the most equitable, &c., it is certain that several would believe themselves injured, and that they would not acquiesce therein; but as it is only a question of a convention of simple politeness, where each one keeps the rank that the noble simplicity of nature has given him, and as it derogates nothing from either his power or his wisdom, &c., the Sovereigns are too benevolent not to subscribe to it, considering the infinite good that will come from it to all the Nations, since it is one of the easiest, one of the fairest and one of the principal provisions for the establishment and maintenance of perpetual Peace.

SEVENTH OBJECTION.

"There are a number of worthless fellows whom the Sovereigns cannot do without in time of War and of whom they have no need in time of Peace. These men commit enormous peculations under cover of the shadows of War, and can not do so in time of Peace. During War the Sovereigns depend upon them to a certain extent, and during Peace they are dependent upon the Sovereigns. History furnishes many examples of such men, who to enrich themselves and to render themselves necessary to their Masters (under the guise of a perfect fidelity and the sincerest zeal) have stirred up against them a multitude of wars; now by secretly causing the people of a number of Cities or Provinces to revolt; now by insulting their neighbors or by causing them to be insulted, and then claiming that they themselves had received the insult; now in persuading their Sovereigns that they had great rights in Countries where they had nothing to claim, &c. Consequently, these wicked subjects will always prevent the establishment of perpetual Peace under a thousand different and false pretexts."

REPLY.

Of all the obstacles to the establishment of Peace, it must be agreed that this is the hardest to overcome; nevertheless, by observing strictly the aforesaid seventh and eighth means, this obstacle will be surmounted and will fall of itself. Firstly, because a very large number of individuals whom their own necessity would have forced to desire or even to stir up War in order that they might have employment or might give it to their protégés, will find it to their interest to adopt the system of Peace. Secondly, because the number of worthless and insatiable fellows (who prefer, to the public tranquillity, the peculations and the plunder that they make during War) will not dare to show themselves, or will be found so abominable and so feeble that nobody will be willing to listen to them, and they will be unable to prejudice either the establishment or the duration of Peace.

EIGHTH OBJECTION.

"About the year 1606, HENRY THE GREAT, assisted by Sully, his chief

Minister, proposed to establish perpetual Peace between all the Sovereigns of Europe; his proposition was not accepted. In 1712 the Abbé de Saint-Pierre gave to the public a very good Work tending to the same end; that plan was not adopted; therefore this one also will remain without effect."

REPLY.

One has every reason to believe that the first Plan was good, because it was the work of two very judicious great men. One must be persuaded that the second was still better, because it was the quintessence of the first and augmented by several new means found by its Author. Finally, one must be convinced that this third is still better than the other two, and that it can not fail of being adopted; firstly, because it is the quintessence of the first and of the second; secondly, because it also is augmented by several new means invented by its Author; and thirdly, because the Sovereigns of today, as well as their chief Ministers, are more enlightened and more judicious than the Sovereigns and chief Ministers of those times and are therefore more humane, more benevolent and more inclined to Peace.

NINTH OBJECTION.

"An affair of such great importance ought to be dealt with by Sovereigns only, or by Princes of the Blood, or by Councilors of State, or, at the least, by men clothed with some public Employment, and no private person should be permitted to meddle with it."

REPLY.

The Sovereigns, the Princes of the Blood, the Councilors of State, and, generally, all those who are clothed with any public Employment, are, by their official positions, obliged to work for that same public and are therefore obliged to labor to establish perpetual Peace which will be one of its greatest blessings. Nevertheless, if any private individual whosoever, wishes to propose the means which appear to him the most suitable to establish that Peace, he ought to be permitted to do so, without objection from any one, to the end that he may be able to exercise his zeal toward the Sovereigns and his benevolence toward the public of which he is a member; and because, sometimes, he can make a discovery or some interesting proposal just as well as a man in office. One knows well enough that the finest and most useful inventions are due to chance, and that a mediocre genius is sometimes more fortunate than a superior one.

TENTH OBJECTION.

"History and experience teach us that at all times the Sovereigns have been at War with each other; from which one may conclude that they always will be, and that there must be spilling of blood, that is to say, Wars, to settle many of their disputes."

REPLY.

Formerly the Sovereigns of Germany, the *Seigneurs* of France, of Poland and of many other places, terminated almost all their disputes by means of War; they armed their subjects against each other, and they filled the Countries with murder and violence; the Nobility regarded this barbarous custom as the best of their privileges.

All having recognized that War was only a feeble remnant of the barbarity of the first centuries and a mark of the ignorance of the first Sovereigns, and that it caused enormous damage to them and to their peoples, they took the wise decision to establish perpetual Peace among themselves; that is to say, they agreed to end all their differences in a friendly and humane manner, by means of the decrees of various Congresses, such as the Diets in Germany and in Poland and the *Parlements* and *Conseils Supérieurs* in France.

That Peace still endures today in all those Countries, and there is every appearance that it will last as long as there shall be men. These happy innovations joined to the benevolence which the Sovereigns take pride and pleasure in exercising toward all the Peoples, give reason to hope that they will also avail themselves of the same system of Peace by means of a Congress that they will immediately establish for the purpose of being ready at all times to terminate all their disputes in a manner that is honest, friendly, peaceable and honorable.

ELEVENTH OBJECTION.

"If the Sovereigns were always in accord with each other, they would never fear the revolt of any of their Cities or Provinces, and then they would burden their peoples with such excessive taxes that they would make base slaves of them."

REPLY.

The Sovereigns who have been living in peace the longest time are those whose Peoples are the least burdened with taxes and the most happy. War alone is the cause of the excessive taxation with which many Sovereigns have been forced to overload their Subjects; from which one may conclude that war is not of use to prevent the Sovereigns from increasing the taxes;

on the contrary, it is the continuation of War which prevents them from relieving their Subjects of a part thereof.

TWELFTH OBJECTION.

"It ought to have been proposed to give the Presidency of the Congress to the Minister of the most powerful Sovereign, because he would establish and maintain the universal union by the mere honor that he would have in being the Head of it, or at least to give it to each in his turn."

REPLY.

Giving the Presidency to the most powerful, would give him a kind of superiority which would not be pleasing to all of the Sovereigns, and which would prevent many of them from joining the union, as they would not be willing to recognize a sort of Superior in the person of the perpetual President, who might, sometimes, be a child without experience, and rarely a Senior in age, accomplished in the art of governing well.

Giving the Presidency to each in his turn would likewise keep many Sovereigns from entering the union, as they would not be willing to be sometimes obliged to defer to the opinion of the Mediator of a Sovereign less powerful, less wise, less honorable and, most repugnant of all, younger than themselves.

Finally, it is proper to give the Presidency to the eldest; in the first place, because, by reason of his age, he will always deserve a species of respect which will not be displeasing to anybody, because that which one renders to seniority in age has always a kind of relation to that which the creature owes to his Creator, and because each one desires to see himself old in years; and in the second place, because a Sovereign of an advanced age is, ordinarily, more pacific than a young one, since, having more experience, he has more discernment and knows better the inestimable value of Peace. Besides, the feebleness of his body, and the tepidity of his blood induce him to avoid the hardships and anxieties that it is always necessary to undergo in carrying on War, in order that he may enjoy the repose and tranquillity with which Peace is always accompanied.

THIRTEENTH OBJECTION.

"This moment in which two of the principal nations of Europe are at War, is not the time for proposing perpetual Peace; one ought to have waited until they had made their private Peace."

REPLY.

Every sort of time can be employed usefully in discussing universal Peace; if one discusses it seriously in time of War, one will facilitate the private Peace.

If one discusses it during the Peace conferences, one will hasten the conclusion of them.

And if one discusses it in time of Peace, one will establish the durability of that Peace: so that, for a matter so interesting and so easy, one ought not to make any delay, one ought to begin to work upon it at once and with all the activity possible.

THE END.

V

Typographical Note and Facsimiles

TYPOGRAPHICAL NOTE

FOR a general discussion of the types used by Franklin at Passy, the reader is referred to the very valuable and instructive book entitled "Franklin and his Press at Passy," written by that eminent bibliographer, the late Luther S. Livingston, and published by The Grolier Club of the City of New York, in the year 1914. It is to be regretted that only 303 copies of that monument of research and study were printed.

The present work contains facsimiles of five pages of the original "Projet de Paix Perpétuelle" written by Pierre-André Gargaz, and printed by Franklin at Passy at some time during the first half of the year 1782. A study of these pages will enable any person who is interested in the subject to identify several of the types used therein with types used by Franklin in other Passy imprints; they are referred to in their numerical order.

Title Page

1. The word "Conciliateur" is in 24 point, double pica, or palestine; this type was used in the first line of the heading of "Information to Those Who Would Remove to America" (in English); and in the first line of the title and in the first line of the heading of page 3, of the same in French.

2. The word "Projet" is in 22 point, double small-pica, or gros-parangon; the same type was used in the first line of "Parabole contre la Persécution."

3. "Entre tous les Souverains de l'Europe & leurs Voisins"—these words are printed in 12 point, pica, or cicero italic; the same type was used in one or more places in each of fourteen other Passy imprints. Mr. Livingston says, "this type, especially the ornamental capitals, is the most easily recognizable of all the Passy founts." This type was used in the Dedication of Barbeu-Dubourg's "Petit Code de la Raison Humaine" which was printed by Franklin at Passy in 1782, the year in which he printed the "Projet de Paix Perpétuelle" of Gargaz.

Page iij

The ornament at the top of this page was used in "Dialogue entre la Goutte et M. F.," and in "Remarks Concerning the Savages of North-America."

Page iv

The ornament on this page is the same as that used on the title page of "Avis à ceux qui voudraient s'en aller en Amérique," which was printed at Passy in 1784. It also appears on page 90 of the 1782 Passy imprint of Barbeu-Dubourg's "Petit Code de la Raison Humaine."

Page 11

The ornament at the top of this page is the same as that used as a border in "An Ode in Imitation of Alcæus," which was printed at Passy in 1783, by Franklin's grandson, Benjamin Franklin Bache.

Here again is found the 12 point, pica, or cicero, and the 24 point, double-pica, or palestine.

Page 23

On this page is the ornament used in "Dialogue entre la Goutte et M. Franklin," and in "Remarks Concerning the Savages of North-America."

The words "Objections et Réponses" are in 18 point, great primer, or gros-romain—the same type as the words "La Goutte" at the head of page 3 of "Dialogue entre la Goutte et M. F." and the words "Des Sauvages" in "Remarques sur la Politesse des Sauvages de l'Amérique Septentrionale."

This note is not intended to be an exhaustive discussion of the types used by Franklin in printing the "Projet de Paix Perpétuelle"; the editor will be satisfied if, in the opinion of the reader, he has succeeded in identifying some few of the types used therein with types employed by Franklin at Passy.

The ornaments used by Franklin in the original imprint have been reproduced in this reprint of the "Projet." To avoid monotonous repetition, several different ornaments have been used in printing the English version.

CONCILIATEUR

DE TOUTES

LES NATIONS D'EUROPE,

OU

PROJET

DE PAIX PERPÉTUELLE

Entre tous les Souverains de l'Europe & leurs Voiſins.

Par P. A. G.

1782.

DÉFINITION
DE LA PAIX.

LA Paix est le lien de la ſociété des hommes, les délices de la Nature, la colonne des Loix, la tutrice des Arts, la conservatrice des Souverainetés, et la couronne des Victoires; c'est elle qui fait régner la Juſtice, qui cultive les Mœurs, qui rend tous les Peuples utiles les uns aux autres par le moyen du commerce; c'est elle qui maintient chacun dans ses propriétés, qui change les peines en plaiſirs, et qui ouvre de toutes parts des sources de félicité aux Empires.

La Paix; enfin, la Paix est le plus riche de tous les présents que les Souverains puissent faire aux Peuples.

Néanmoins, pour qu'elle ſoit ferme & durable, il faut abſolument que les conditions en soient justes, qu'elles ne causent point de dommage notable à aucun, que l'honneur de tous s'y trouve conservé, et que chacun puisse se faire gloire d'avoir consenti de bon cœur, et avec pleine connoissance de cause, à toutes les conditions insérées dans le dernier Traité.

MOYENS
INFAILLIBLES

Pour établir et maintenir la Paix perpétuelle entre tous les Souverains de l'Europe et leurs Voisins.

PREMIER MOYEN.

OUTRE le Médiateur, connu sous la dénomination d'Ambassadeur ou chargé d'affaires, que chaque Souverain est en usage d'entretenir dans chaque Cour étrangère, il sera encore établi dans la ville de Lyon, ou dans tel autre endroit qu'on jugera le plus convenable, un Congrès perpétuel, composé d'un Médiateur de chaque Souverain d'Europe et de tous leurs Voisins à qui il plaira d'entrer dans l'union universelle. Dès que les Médiateurs seront au nombre de dix, à l'endroit désigné, pourvu qu'il y en ait au moins cinq des Souverains hérédi-

RECUEIL

DE QUELQUES

OBJECTIONS ET RÉPONSES,

POUR et contre la Paix et la Guerre.

PREMIERE OBJECTION.

» LA Guerre est un fléau de Dieu né-
» cessaire à sa Justice, conſéquemment
» les Souverains ne peuvent l'éviter,
» mais ils doivent même la faire pour
» punir les peuples. »

RÉPONSE.

Les fléaux de Dieu nécessaires à sa Juſtice, pour punir les peuples, sont diverses maladies épidémiques, les pluies, les sécheresses, les chaleurs et les froids excessifs; les grêles, les tempêtes, les

Designed by Bruce Rogers and printed from Monotype Caslon type at the Printing House of William Edwin Rudge, Mount Vernon New York